榛地和装本

終篇

藤　田　三　男

SHINCHI KAZU
BOOK DESIGN II
FUJITA MITSUO

ウェッジ

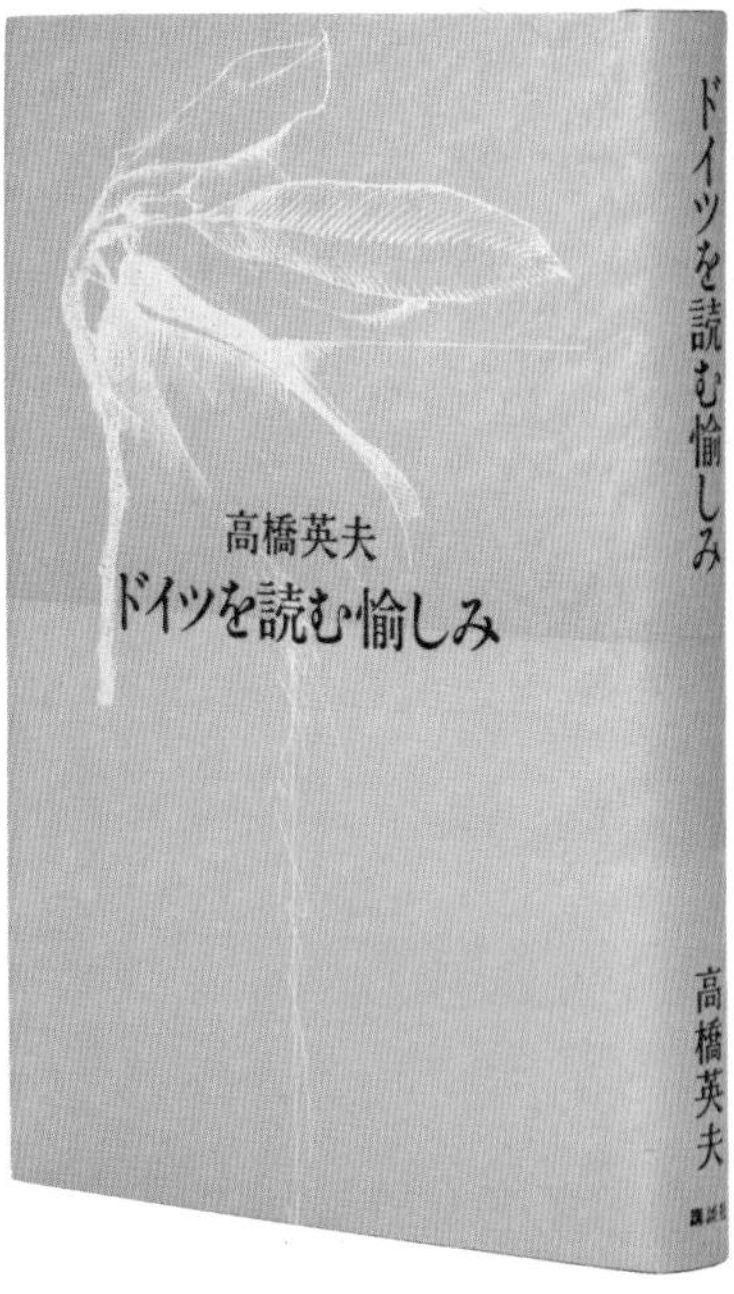

●ドイツを読む愉しみ　高橋英夫　一九九八年九月、講談社

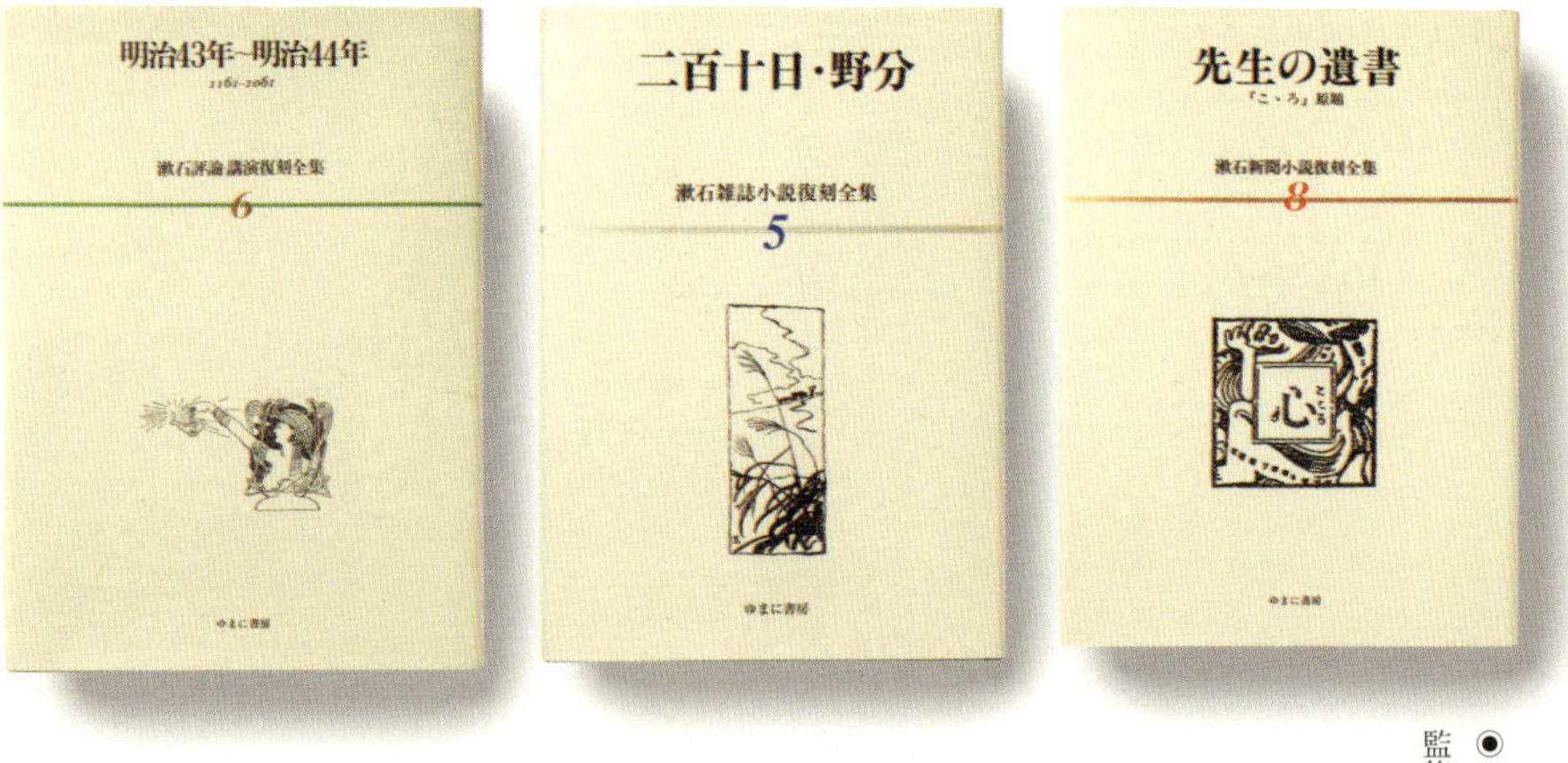

◉漱石新聞小説復刻全集（全11巻）　漱石雑誌小説復刻全集（全5巻）　漱石評論講演復刻全集（全8巻）
監修・山下浩　一九九九年九月～二〇〇二年十一月　ゆまに書房

◉江戸のヨブ　野口武彦　一九九九年十月、中央公論社

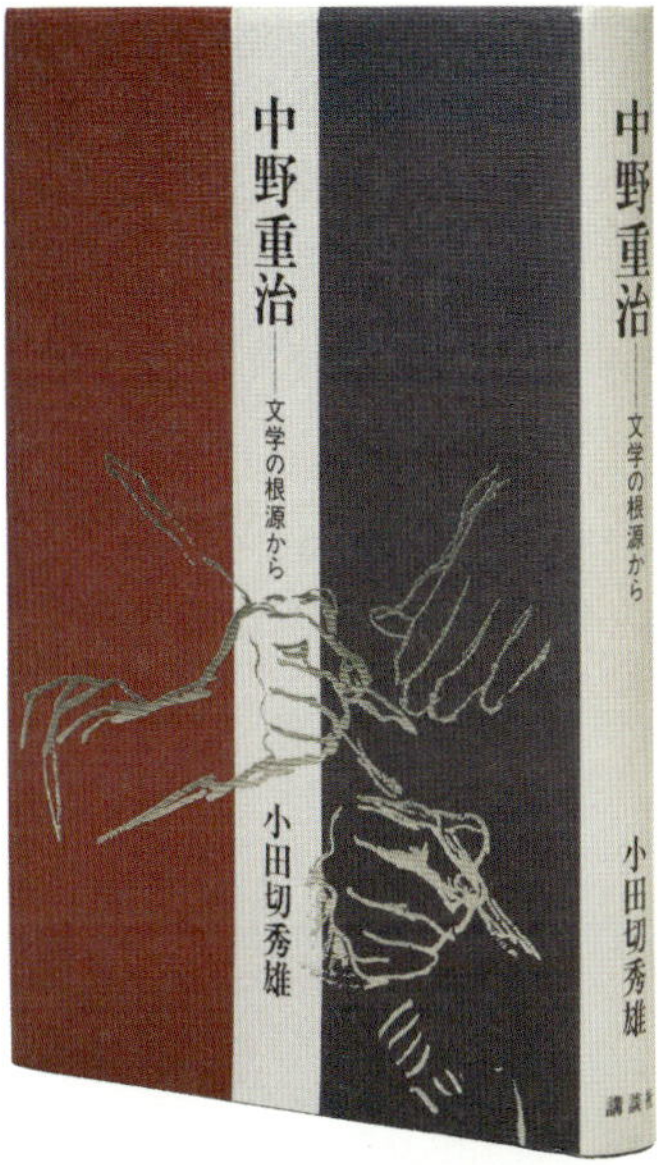

◉中野重治——文学の根源から　小田切秀雄　一九九九年三月、講談社

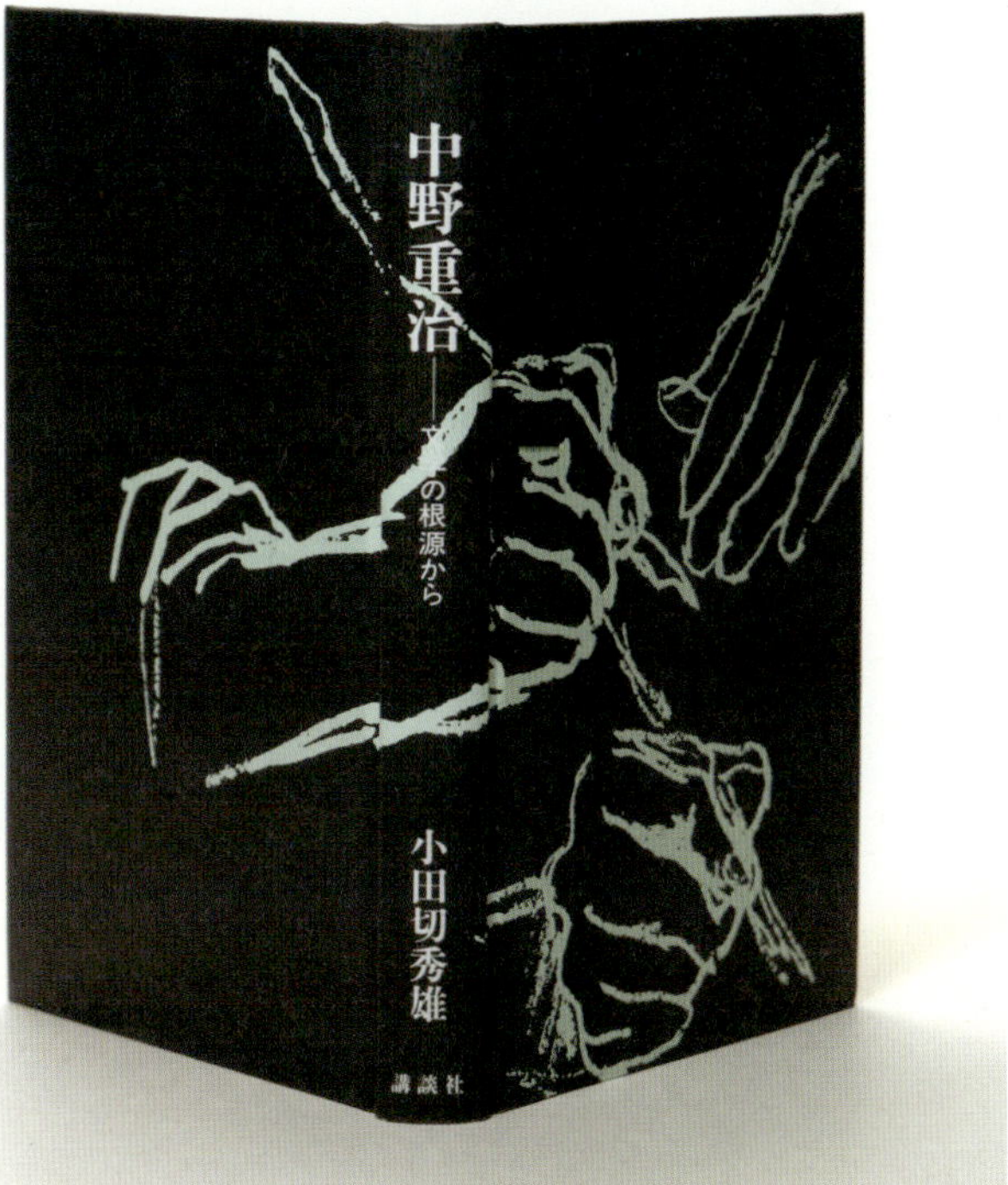

◉K氏のベレー帽　山本安見子　二〇〇二年十二月、河出書房新社

◉追悼飯田貴司　二〇〇二年三月、私家版

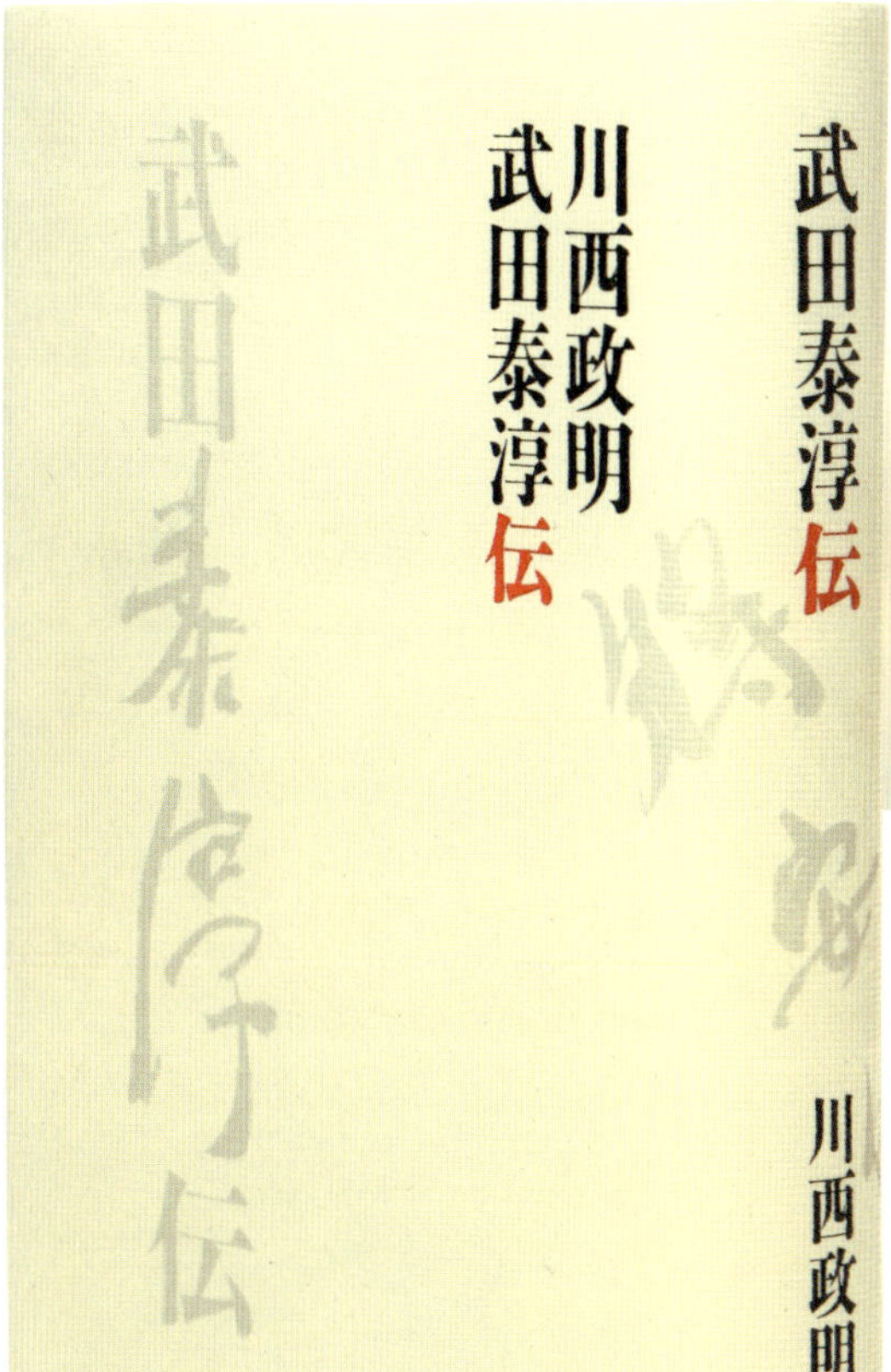

◉武田泰淳伝　川西政明　二〇〇五年十二月、講談社

●コレクション・モダン都市文化（全八十巻）　監修・和田博文　二〇〇四年十二月〜刊行中、ゆまに書房

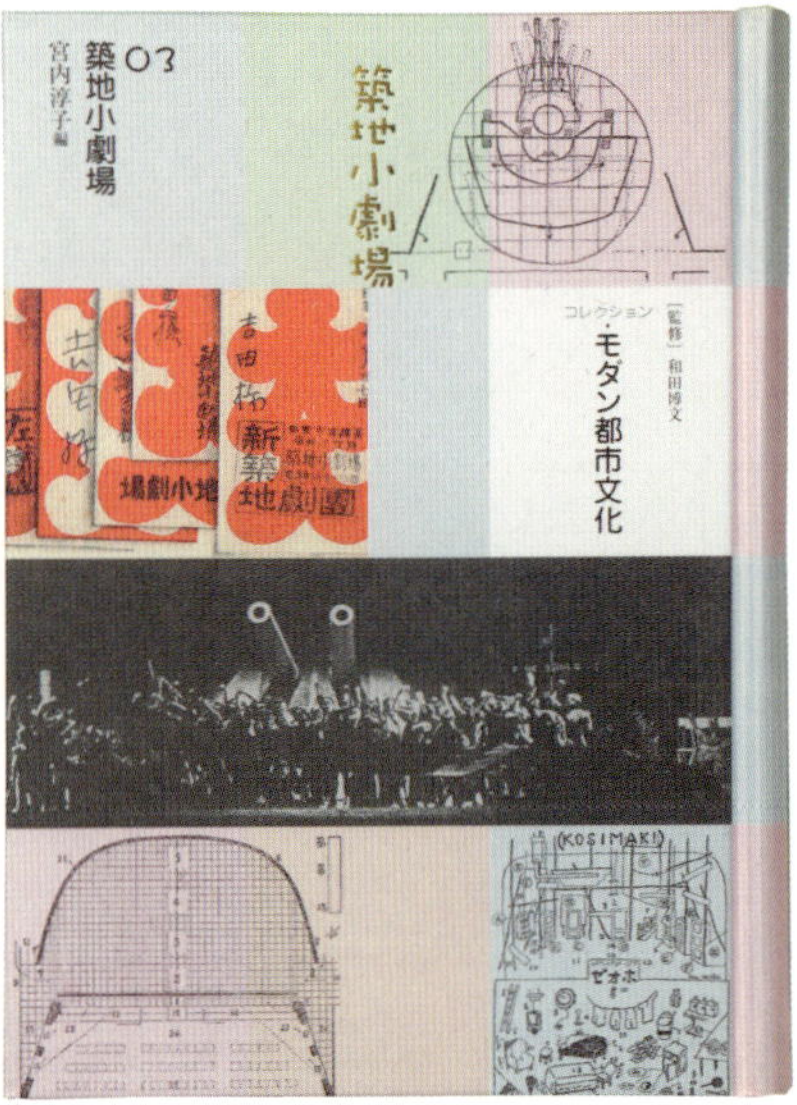

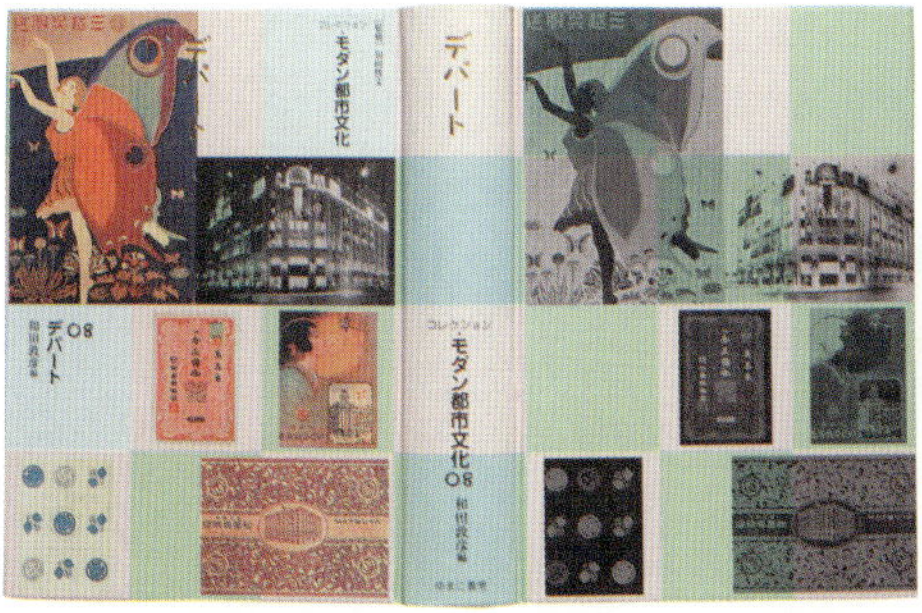
デパート
コレクション
モダン都市文化 08
ゆまに書房

レヴュー
14
コレクション
モダン都市文化 14

資生堂
17
コレクション
モダン都市文化 17
ゆまに書房

サラリーマン
33
コレクション
モダン都市文化 33

41
新興写真
和田博文 編
LUX
コレクション
[監修] 和田博文
モダン都市文化
新興写真
コレクション
モダン都市文化 41
和田博文 編
ゆまに書房

●保昌正夫一巻本選集　二〇〇四年十一月、河出書房新社

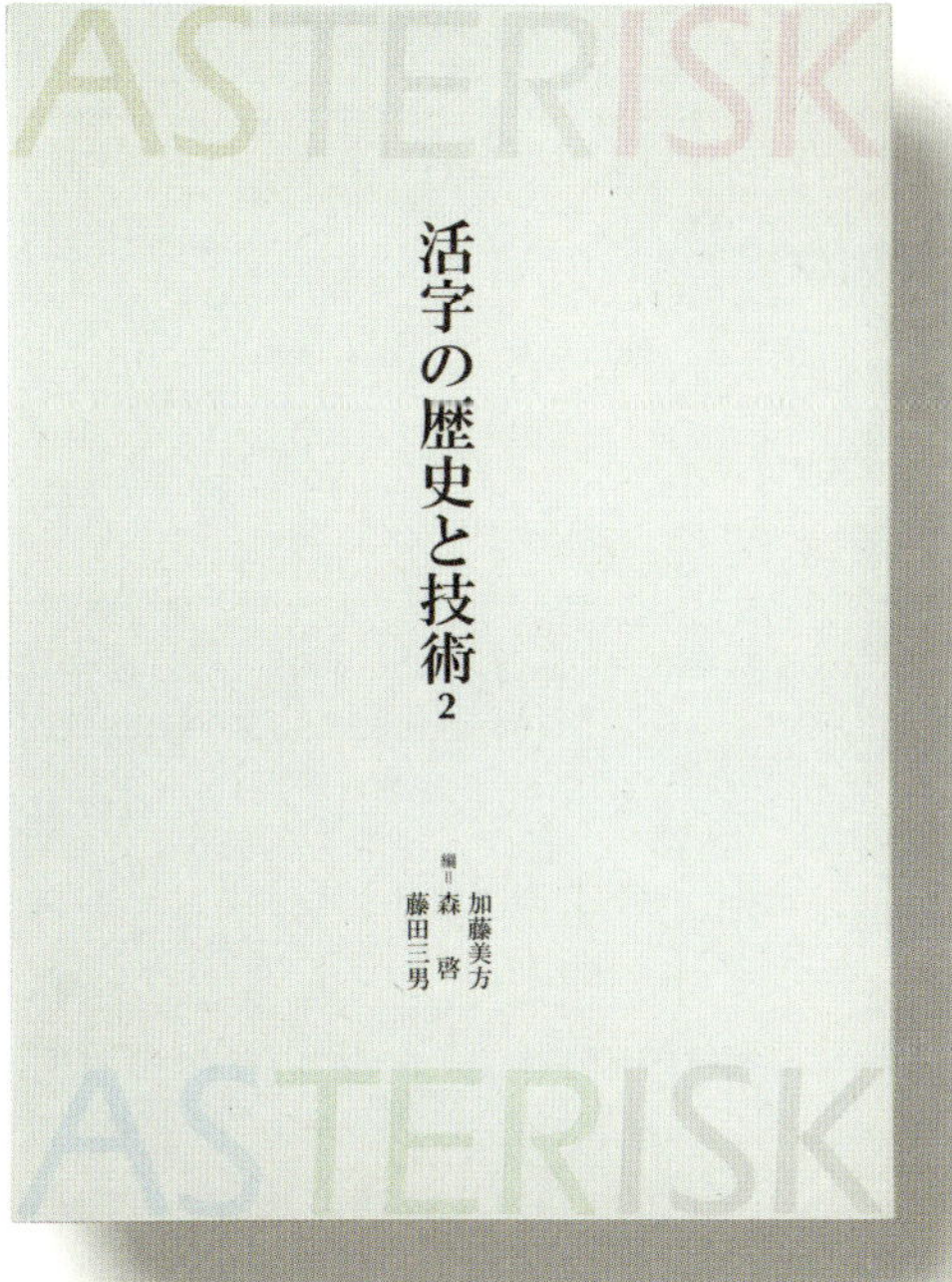

◉活字の歴史と技術　加藤美方・森啓・藤田三男編　二〇〇五年三月、樹立社

●源泉の感情　三島由紀夫　二〇〇六年二月、河出文庫

●サド侯爵夫人／朱雀家の滅亡　三島由紀夫　二〇〇五年十二月、河出文庫

●英霊の聲　三島由紀夫　二〇〇五年十月、河出文庫

●母の贈り物　青木笙子　二〇〇四年五月、河出書房新社

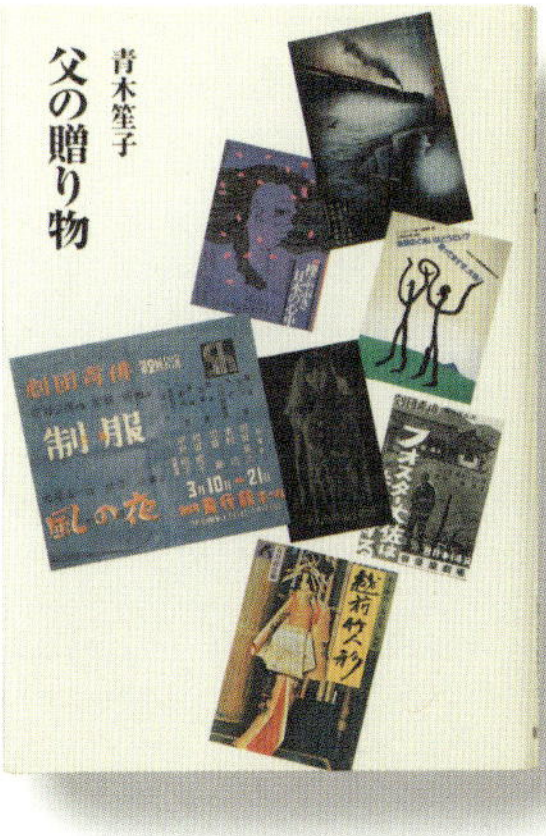

●父の贈り物　青木笙子　二〇〇一年七月、翰林書房

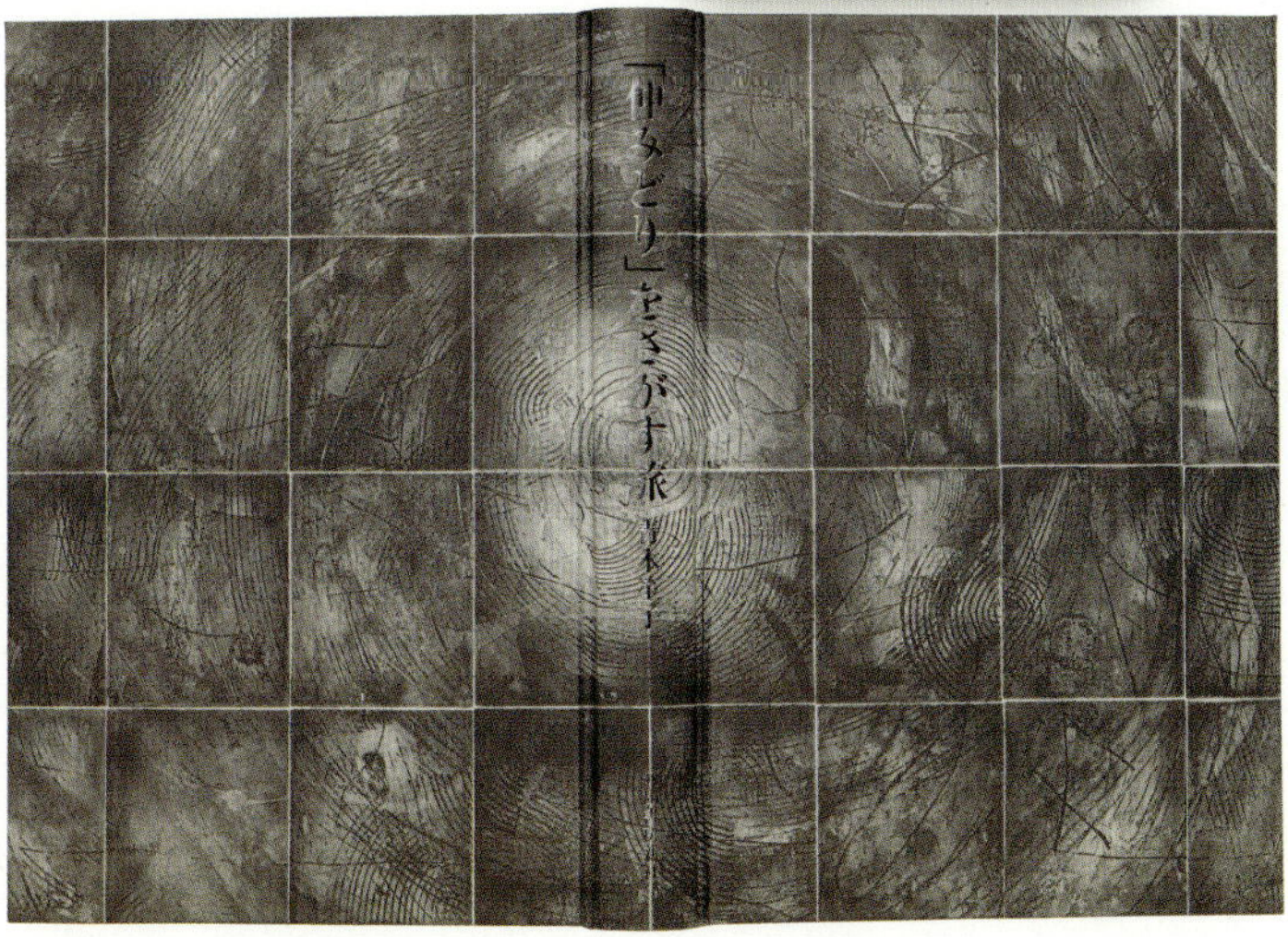

●「仲みどり」をさがす旅　青木笙子　二〇〇七年七月、河出書房新社

◉あるジャーナリストの敗戦日記　1945～1946　森正蔵（編・解説＝有山輝雄）　二〇〇五年八月、ゆまに書房

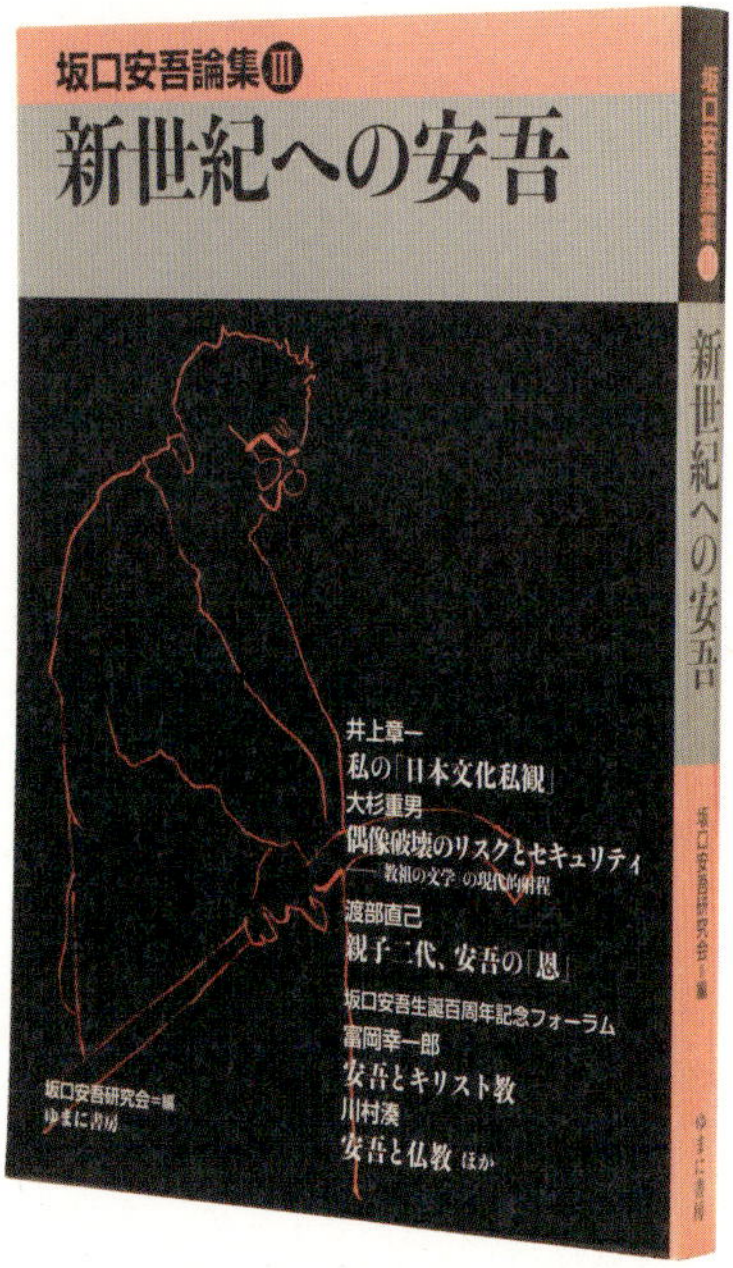

◉坂口安吾論集Ⅲ　坂口安吾研究会編　二〇〇七年十月、ゆまに書房

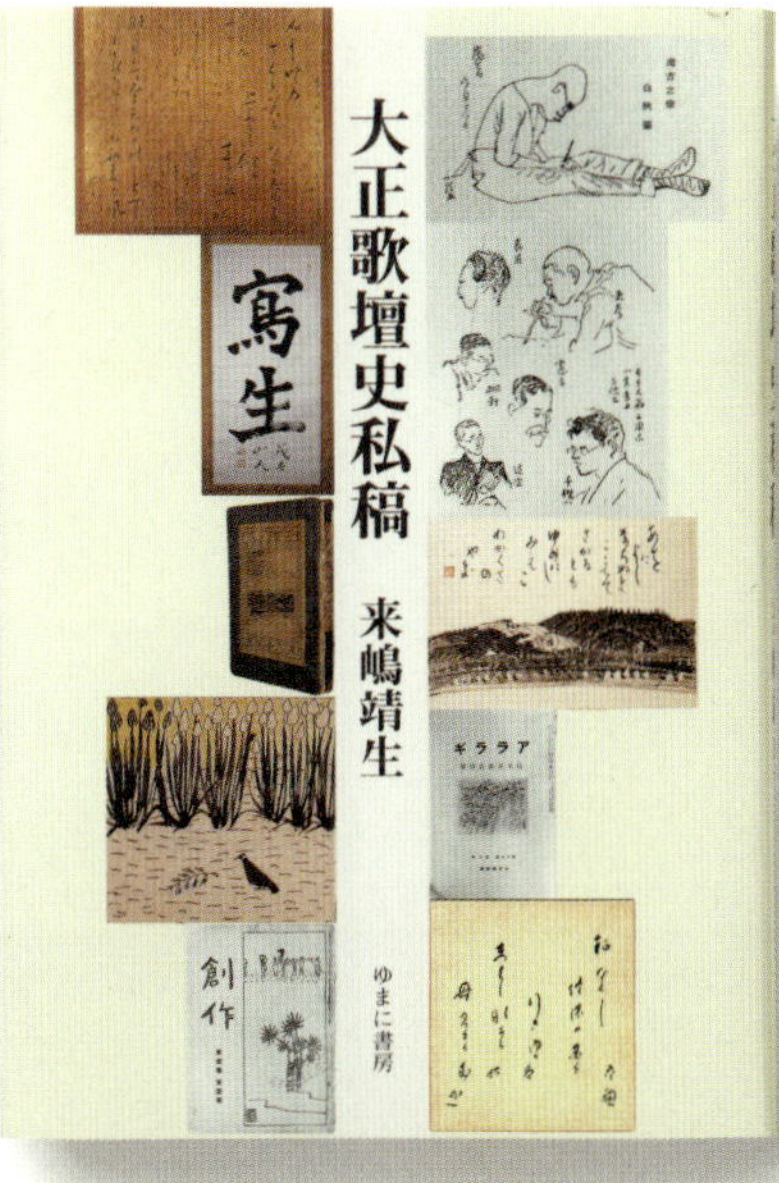

◉大正歌壇史私稿　来嶋靖生　二〇〇八年四月、ゆまに書房

◉八十歳の扉　二〇〇八年五月、随想を書く会

◉青き星　相沢一男　二〇〇九年四月、角川書店

◉瀬戸内寂聴随筆選（全六巻）二〇〇九年三月、ゆまに書房

◉新編 燈火頬杖　浅見淵（編＝藤田三男）　二〇〇八年十二月、ウェッジ文庫

◉作家の手　野口冨士男（編＝武藤康史）　二〇〇九年十二月、ウェッジ文庫

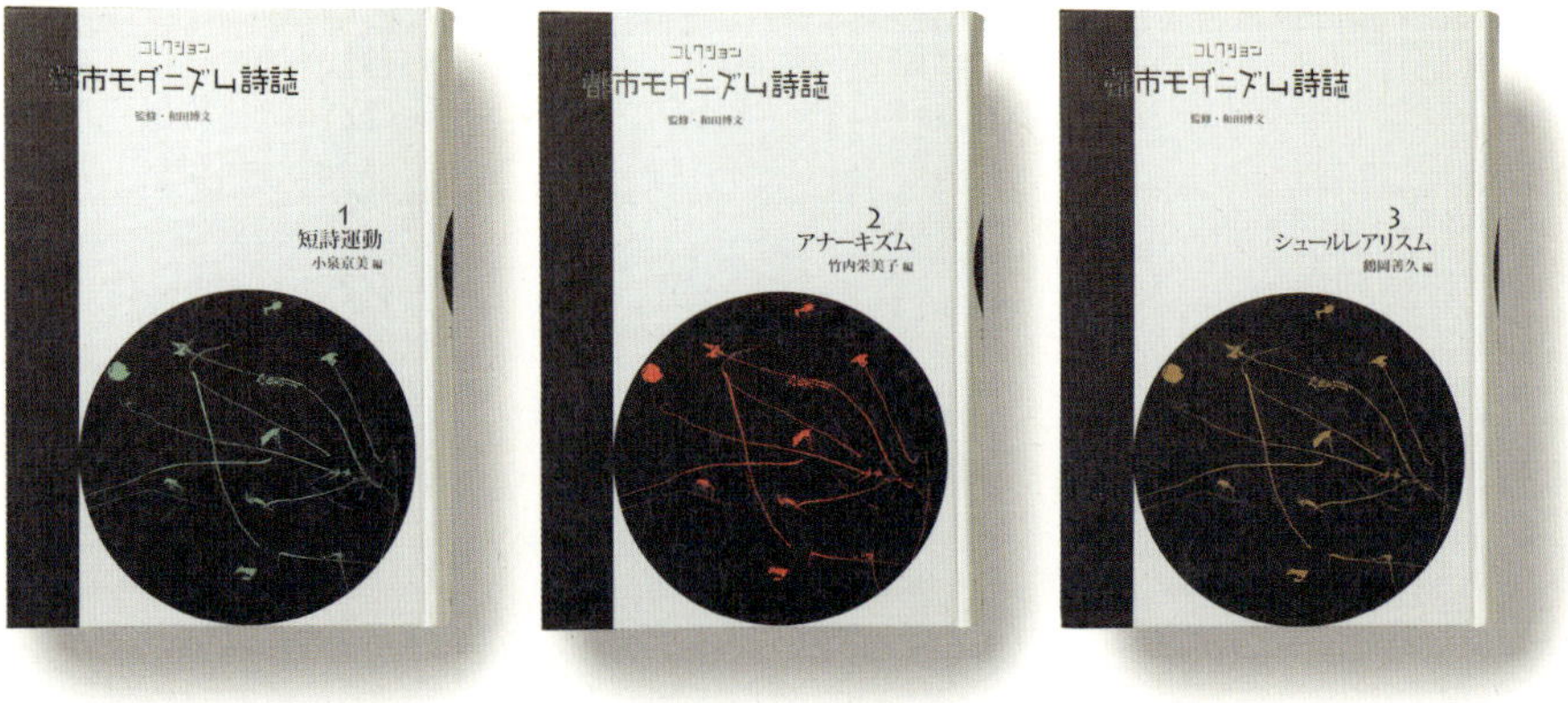

◉コレクション・都市モダニズム詩誌（全十五巻） 監修・和田博文 二〇〇九年五月～刊行中、ゆまに書房

榛地和装本 終篇

目次

IV

榛地和装本

終篇

藤田三男

「板」の上で

和田芳惠

和田芳惠さんが河出書房新社の「役員」に就任されたのは、昭和四十三（一九六八）年夏のことである。その年四月に河出書房新社が倒産、更正会社として再出発したとき、日本文藝家協会の代表ということで、和田さんは河出に来られた。無報酬、手弁当である。

いわば進駐軍の将官として、和田さんはわれわれの前に現れた。はじめ伊藤整氏が、協会代表として河出再建に当られるはずであった。伊藤さんは初めての全集を河出から出しておられ、河出とは縁が深く最適任の方であった。しかしこのころの氏は、いわば「流行作家」の時期を超えて、文壇の中央に位置する作家で多忙をきわめておられた。従って協会の内外に向っては、河出の債権問題を処理する責務は最終的に伊藤さんがもち、その代行として出版界の事情に通じた和田さんが事に当る、といった印象が深かった。

就任されて間もなく、和田さんは河出の幹部社員を集めて挨拶された。私はそこで初めて和田さんの謦咳に接した。和田さんは『自伝抄』のなかで、河出在任中は、「文藝」にはなにも書かぬこと、河出から本を新規に出さぬことを心に決めた、と書かれている。そういう拘りと硬さが挨拶にあらわれている風であった。私たち三十そこそこの駆け出しの編集者の前に、和田さんは和服を着こなした「旧文士」然として、生真面目に対応されていた。いま考えてこのころほど「苦節十年型の文士」が軽んじられた時期はなかったのではないか。高度成長期の浮かれ節に酔って、新奇なものを追っていた私のような編集者にとって、和田さんは旧文士然とした進駐軍ということで、二重の意味で関心を呼ばない作家として映った。私はそれから三年の間、和田さんとお話をする気持ちを積極的に持てなかった。和田さんと親しかった先輩編集者、竹田博さんが第一線を去ってからは、和田さんに対して私たち河出の編集者は、一篇の随筆もお願いすることがなかった。

「厄落し」を「季刊藝術」に発表された昭和四十九年四月、私はたまたまある出版社のパーティーで和田さんにお目にかかった。このときのことをはっきりと憶えているのだが、話の流れで、「厄落し」を中心に単行本を出させてほしいとお願いしたのではなかった。読後くすぶっていた私の感動が、和田さんにお目にかかることによって押し出されて形となった。あとにもさきにも、パーティーの席で「仕事」をしたことは記憶にない。それにしてもあのころの私が「厄落し」にあれほど感銘したのは、私の生活上の事情があったのかもしれない。

和田さんは、T社からの話もあるので、考えさせてほしいとだけ言われた。

その二、三日後に、丸谷才一氏を訪ねた。丸谷さんはその年、朝日新聞で文藝時評を始めていた。その第一回で、山崎正和氏の書き下ろし『鷗外 闘う家長』を賞めていただき、私は面目を施していた。丸谷さんに「厄落し」の話を向けると、「風景」に載った「接木の台」が実にいい、と言われた。「接木の台」を丸谷さんに教えていただいた恰好になった。早速「風景」を入手し、その数日後に和田家を訪ねた。『自伝抄』では、丸谷さんの文藝時評が出たその日に私が現れ、単行本にしたいと申し入れた、とあるが、いまも昔も私はそんなに機敏な編集者ではない。和田さんが花束を下さったのである。

丸谷さんを訪ねて、和田さんのことをお話ししたのには訳があった。私は実をいえば和田さんの作品集を出すことに自信がなかった。社の内外からどういう評価を受けるのか。第一、そのころの和田さんがどういうものを書いているのか、ほとんど知らなかった。丸谷さんは単行本として出したいという私の意向には直接ふれずに、「接木の台」のすぐれていることを力説した。

和田さんのことを、丸谷さんに最初に話をしたのには、ちょっとした事情があった。昭和四十年代の半ばころ、あとからみれば小説家としては低調な仕事を続けていたころの和田さんに、あるパーティーでお目にかかった。お目にかかったというより、ご挨拶も不確かなくらいだから、一瞬和田さんを眺めていたといった方がいい。テーブルを挟んで右手に和田さんがおられたが、視界の左手に丸谷さんが入ってきた。和田さんを認めた丸谷さんが、心から親しげに、また敬愛の仕種をもって丁寧にゆったりと頭を下げた。和田さんは例の莫迦丁寧ともみられる丁重な返礼をした。

私は、ぼんやりとしたこの一瞬に、和田さんと丸谷さんの関係を了解した。それ以上に和田さんという存在を理解した。

実にこのころの和田さんは小説家として不遇であった。小説以外のものでは『ひとつの文壇史』（昭和四十二年）、『筑摩書房の三十年』（昭和四十五年）という二つの傑れた仕事がある。特に『筑摩書房の三十年』は、出版社の社史として書かれたものだが、古田晁社長を中心とした〝知〟に憑かれた男たちの熱情の歴史であり、傑作である。しかし回想や社史を書いて、いかに評判がよくても、小説家としての和田さんが鬱々として愉しまないのは当然のことである。文藝家協会のパーティーなどでお見かけすると、余興のフロアショーの最前列で、若い踊子の裸をじっと見ている和田さんの鋭い眼光に、私は不遇な文士の寒々とした心象を感じて、いやな感じを受けた。

『接木の台』は、昭和四十九年九月に刊行された。「接木の台」「厄落し」以外の作品は、和田さんから十数篇の作品の切抜きをお預りした。昭和四十六年から四十八年にわたる作品で、担当の久米勲に託した。作品の取捨選択は「ご自由になさって下さい」と和田さんは言った。久米は直ぐに目次案を作った。「どうだい?」と問うと、筆者に対して無類に寛大な男が、やや当惑した表情で、にやりと笑った。

私は了解するものがあってすぐに読み、正直びっくりした。「接木の台」「厄落し」二作と他の作品との落差。手だれの退廃とでもいうしかない、しかしきっちりとした短篇。のちに『自選和田芳恵短篇小説全集』全一巻を刊行したとき、「記憶の底」など四篇だけを残し、他は割愛した。そのときの和田さんの「ご自由に」の口の下で憮然とされた表情が忘れられない。

『接木の台』は「読売文学賞」を受賞したが、その前年暮に、「野間文芸賞」の最終候補に大岡昇平氏の『中原中也』とともに残った。和田さんは『自伝抄』で、平野謙氏が、その選考経過について電話で知らせてくれたことに感謝の念をこめて書いている。和田さんにとって野間賞は、まだ「お座敷が高すぎる」と感じたのか、受賞を逸しても、さほど残念そうには見えなかった。

『接木の台』の作品のばらつきについて、私に最初に苦言を述べられたのは、他ならぬ平野謙氏であった。「和田さんの本、活字が大きくていいなあ。おれの本なんか、8ポばかりだよ」という話を引き金に、作品をもっと厳選すべきだったと言った。選考委員会の席上で、『接木の台』を強く推したのは平野謙氏だが、収録作品全体の出来について議論が及んだとき、はっきりとそのばらつきを指摘して、いわばひっこめたのも平野さんであった。選考委員会の直後に、私はこのことを舟橋聖一氏から聞いて、いかにも平野謙流だと思った。「読売文学賞」の受賞によって和田さんは「一種の流行作家になった」と書かれている。「文藝家協会から河出書房に派遣された役員の私は、この社の原稿を書くことにこだわった。そのうち、こちらから押しつけたのではなく、向こうから無理にたのまれたことだということに私は重点を置いた。しかし、これは、すっきりしない言いのがれと思っていた」(『自伝抄』)

たしかに和田さんは昭和四十三年七月に非常勤、無給の役員として河出書房新社に籍を置かれたが、四十七年、所定の返済計画を完了し、更生会社を解かれた河出書房新社にあって、自動的に和田さんは役員ではなくなった。引き続いて、和田さんにこれまた無給の「顧問」のような形でご助力をいただいたが、『接木の台』を刊行した昭和四十九年に、河出の役員であったという事実はない。

「読売文学賞」受賞内定の報があった夜、私は久米勲とお祝に上った。玄関脇の居間、応接間兼食堂に端座された和田さんは、髪をさっぱりとされていた。ちょっと前に床屋へ行かれたという。「誰方かお出でになって、むさ苦しくてはいけませんですからね」と茶目っ気たっぷりに話された。その夜遅くまで長居をしたが、電話がいつもよりひんぱんにかかってきたことの他に、変りはなかった。

和田さんのお宅は、私が見知っているどの作家の家よりも簡素なものであった。和田さんにとってその貧寒と見える家も「板」の上であって、その上で和田さんは精一杯見得を切り、髪を整え、衣服を改めた。実に「はで」ごのみの方でもあった。私は不遇の和田芳恵を知らないといっていい。

紙片

山本健吉

この二月末（平成十年）に『榛地和装本』なる小著を刊行し、思いがけず多くの方々から厚意にみちた感想をいただいた。

この本の仕立ては、私が河出書房新社在籍時、昭和三十六（一九六一）年から三十数年間に、いわば編集者の手遊びに装本した書籍を五十冊選び、それに纏わる小文を付したものである。

ブックデザインというものが分野としても職業としても確立していなかった時代には、自ら装本する編集者はかなりの数いたものだ。しかし今は少なくなった（といっても実に多くの現役がいることを、この本の刊行によって知った）ということもあり、この本の仕掛けが珍しいということで予想外の評判になったようで、私の装本や小文の出来が芳しいから話題になった、ということではむろんない。

半月ほど前にも松本健一氏が新聞に書評を書いて下さったが、テンポの速いこの御時勢に、半年前の本をとりあげて下さるだけでありがたいことだ。しかし私はこの厚意にみちた書評を読みながら憂鬱になった。この二タ月ほどいろいろ言って下さるたびに気鬱になっていた。

装本については貰められても無視されても、所詮私は素人だし、その厚顔ぶりをもって対すればいいわけだが、殊に書いたものについては永年物を書く人の傍らにあって、文章を書くことの厳しさをいささか承知していた編集者として、わが文章の能転気さに呆れていた。

昨年夏から冬にかけて、仕事の合間に四〇〇字、六枚半のエピソードを積み重ねながら、この話は誰も知らないはずだ、などと舌舐りしながら書いた。三島由紀夫に関するエピソードなどは、そういう意味合いでしばしば書評で言及されたりした。

この本のなかで私も力を入れ、いわば内側から書き手を捉えようと思って書いたものに山本健吉氏のエピソードがある。「解説屋」「井上（靖）商会の番頭」などと揶揄された山本さんの晩年の「無念」を描きたいと思ったものだが、私は偶然一冊の本を読んで、私の書いたものが、何と上っ面をなぞったものでしかないかを思い知った。文壇、文士をめぐるエピソードには、生活上の、あるいは交遊の上から「書けないこと」があるものである。だから表層の話になってしまった、ということではない。

作家も批評家も、その書かれたものの中にしかいない、ということは自明のことだ。それを忘れていた。私にはその作家の全著作を読んだといえる人は何人かしかいないが、山本さんの著作はあらかた読んだつもりでいた。

この五月末、山本さんの愛児石橋安見子さんから、『生と死と　山本健吉人生読本』なる新刊をいただいた。しかし直ぐに読み始めなかったのは、大方いままでの山本さんの著書を再録した編集物だろうと思ったからだ。それに「人生読本」というのも何か胡乱な感じがしたからだ（昭和五十三年に河出から刊行したシリーズ「人生読本」全五十冊というのは、小池信雄さんと私が担当したものだが）。

巻頭近くに「紙片の訓示」（「読売新聞」昭和二十八年一月十六日）一篇がある。この原稿用紙二枚ほどの短文は、私のよく知っている（はずの）「山本健吉」の書いたものではない。昭和二十八（一九五三）年に書かれたもので、「全集」に未収録、初めて読む小篇である。

父石橋忍月は子供を叱ったことのない人だが、一度だけ紙片で窘められた、という。三田の学生だったころ、築地小劇場でアンドレーエフの「横っ面をはられる彼」を観て、青年石橋貞吉（山本さんの本名）はヒロイン役のHという中年の女優にファンレターを出す。すぐ返事が来たので、山本さんは教室で田中千禾夫や原民喜に自慢してみせ、楽屋へ訪ねて行く。そのときHは、山本さんが長崎生れと聞いて何気ないふうに「長崎はベッコウ細工が名物ですね」と言う。その話を原民喜にすると、「それはベッコウ細工を催促しているのだよ」と言われ、純情な山本さんは腹を立てる。帰省したときツケでHにカステラ一釜を送る。カステラも長崎の名物だぞという気持であったが、彼女からのお礼の手紙が父にみつかり、たいへん顰蹙をかった、という。休みが明けて上京するとき、父忍月から訓示の言葉を書きつけた紙片を渡される。それにはただ一行「女優はダイヤモンドを欲しがるものにして」とあった。山本さんは原民喜にその紙片を見せ、父忍月の「金色夜叉的な女性観をひそかに笑いあった」という。

こういう山本さんのユーモラスで物怖じしない一面を知らないで、山本健吉が直隠しにした左翼活動云々を言い募って書いた私の山本健吉像は、所詮歪んでいて上っ面なものでしかない。

山本さんのこの短文が次のような一行で締めくくられているのも、いかにも山本さんらしい。

「ただしHとはそれきりであった」

文学史の闇から

野口冨士男

平成十三（二〇〇一）年暮れに、四年の歳月をかけて完結した川西政明『昭和文学史』全三巻は、折につけ取り出し読みたくなる労作である。この正月にも、下巻を中心に読みかえし、新しい発見をしたりする喜びがあった。

「文学史」——文字通り文学の歴史を、評者の視点から評価付けし叙述したものに他ならない。私は編集者としてわれながら嫌になるくらい長年、「新潮日本文学アルバム」「新潮古典文学アルバム」全一〇〇巻の編集に関わったこともあって、人からは「文学史」好きと見られているが、実際の私の興味はあまりそちらに向いていない。そんな私が川西政明の『昭和文学史』に惹かれるのは、それがあたかも「時」を主人公とし、その時代に浮き沈みする文学者の営みを刻明に跡付け、それで足れりとする評者の姿勢に共感するからである。その執拗さに——。

従来の文学史——私などがもっとも愛読し影響をうけたものに、中村光夫、平野謙の「文学史」がある（ともに一九六〇年代の著作、いまは読む人も少ないであろうが）。この二人の個性的で、対極的な文学史観によって切りとられた日本近代文学の歴史は、年少の私たちにとって決定的な影響力をもつものであった。ここから「文学史」を読んで「作品」を読むなどということも起こった。とくに中村光夫の「文学史」は、その始まりを坪内逍遥にあらずして、二葉亭四迷とし、「逍遥はつまらぬ文学者にして」というように、あたかも正岡子規の「歌よみに与ふる書」のごとき明快さをストレートに、幻惑として定着してみせたりした。それは当時の文壇の「反自然主義」的文芸傾向を色濃く反映したものであったし、それだけこの「文学史」は「状況論」的なものでもあった。まだ若い私たちは、秋聲、白鳥を代表とする「自然主義」文学の真の凄みを知らないのであった。

「文学史」は「文藝時評」以上に「状況」的であることを避けられないと私は考えている者だが、この種の文学史がより簡略に語られる場合（たとえば学校教材として使われる「文学史」「文学年表」など）をみると、エコール（学派と流派）に括られた文学作品の流れだけが強調され、それらに深い関わりのないすぐれた作品が全くとりあげられないことを不思議に思いもし、これは「文学史」の毒であるとさえ思っている（反対に堀江敏幸さんの『いつか王子駅で』を読んでいて、島村利正の小説の凄みを発見したりすると、たいへん嬉しくなる）。

たしかに「硯友社」「白樺派」「帝国文学」「早稲田文学」「三田文学」「自然主義」「耽美派」「新感覚派」「昭和十年代作家」「戦後派」「第三の新人」「純粋戦後派」「内向の世代」などというエコールにそって叙述してゆけば、一応の文学の歴史は成り立つ。「文学史」はつねに「新に惹かれて」生まれてくる新しい文学の歴史といいかえてもいいから、この手の「文学史」は当然成り立つのである。

野口冨士男は、いままで一度として「文学史」の上に現れなかった作家の一人である。その点、盟友和田芳惠も同じ。昭和六十一（一九八六）年に出た磯田光一編著「新潮日本文学アルバム」別巻『昭和文学アルバム(1)』で初めて野口冨士男、和田芳恵について触れた(川西政明『昭和文学史』には両氏について多くのページが割かれている)。

野口冨士男は慶應義塾に籍はおいたが、「三田派」とはいわれない。年齢的には「昭和十年代作家」であるが、そのエコールに括られることもない(和田芳恵を「最も遅れてきた昭和十年代作家」と評した丸谷才一の批評があるが、野口冨士男にもこの名評は当る)。またともに秋聲に傾倒した作家だが、漱石、鷗外とちがって「秋聲山脈」とか「秋聲派」というエコールは文学史には稀薄である。

また「文学史」のみならず、それを出版社が大衆化・通俗化した出版物、いわゆる「文学全集」などにも、和田芳恵、野口冨士男、八木義徳などの作品は、独立して収録されることは、ほとんどなかった。

昭和三十年代、和田芳恵も野口冨士男もいったいどういう暮らし向きをしていたのだろう(私がお目にかかるようになったのは、昭和四十年代半ばである)。その著作年譜をみると、ほとんど暗澹とする。『徳田秋聲傳』『一葉の日記』など研究評論にすぐれた業績があるが、ともに秋聲文学の影響を色濃くもつ、くすんだ「遅れて来た旧文学」の作家として、「文学史」の闇の中に閉ざされていたのである。

「文学史」とは実に奇態なものだと思う。いま私は「編年体大正文学全集」全十五巻、別巻一(ゆまに書房)を編集しているが、その第十三巻『大正十三年』(編・解説=亀井秀雄)に松永延造「職工と微笑」が収められた。この中篇小説は、プロレタリア文学とも「神経病時代」の変態心理小説とも括れない、奇妙な味のすぐれた小説だが、こういうエコールに括れない小説は、ともすると「文学史」の闇に埋没してしまう、そうした不運を負っているのかもしれない。

野口冨士男も正しくこうした不運を負った作家であった。しかし昭和五十五（一九八〇）年『なぎの葉考』を刊行した翌年の『風のない日々』によって、一挙にその文学を成熟させ、「文学史」上に浮上した（しかしそのときすでに「文学史」は消滅の入り口に立っていたが）。

野口さんは生前、磯田光一が野口文学の本質を「モダニズムを通過した私小説作家」と評価したことを、たいへん徳とされていた。たしかに『風のない日々』は、昭和十一年という暗い時代を生きる、しがない勤人の生活を微細に描きつつ、それ以前の徒らなモダン東京の時代と、閉塞してゆく時代を重ね合わせ、その線上を危うく描くことによって成り立っている。この傑作が一見地味な市井小説の表層を坦々と保ちながら、少しもやりきれない「暗い夜の私」を感じさせないのは、モダンボーイ野口冨士男の歴戦の手練れにあると思う。晩年の和田芳恵の「奇蹟の三年」を評して、「私小説は技術」と断じた野口冨士男は、自身の晩年についても語り始めたのである。

二人の先生

浅見淵、稲垣達郎

この秋は、秋霜のあまりの早い訪れに、夏の烈日を忘れがちになったものだが、それでもこの夏の耐えがたい暑さには、ほとほと閉口の思いが深い。

ことし（平成十六年）十一月二十日、保昌正夫の三回忌を迎えるにあたり、何らかの形で保昌さんの仕事を纏めておきたいものだと、その暑さの中で考えてはいたが、なかなか妙案が浮ばない。保昌さんは晩年、かなりこまめにそのときどきに書かれた文章を、大仰でない形で本に纏められることを好まれ励行されたので、未刊の原稿はそんなに多くはない。考え倦ねていた夏の終りに、ある一冊の本を思い起した。

『昭和十年代文学の立場　窪川鶴次郎一巻本選集』。この本は、昭和四十七（一九七二）年秋、小田切秀雄氏から、河出書房新社での私の上司、坂本一亀さんに持ち込まれた企画で、当時編集現場の一責任者であった私が受けついだ。窪川鶴次郎は篤い病いの床にあったが（本の出た翌年に死去された）、昭和三十年代からすでに見るべき仕事もなく、私の浅薄な知識では、佐多稲子の元夫であり、佐多さんの小説「くれなゐ」「灰色の午後」に描き出された田村俊子などとの紛乱の主人公として記憶していた。窪川鶴次郎は昭和十年代の文芸批評家にあっては、日本の短詩型文学（とくに短歌）に強い関心をもつ数少ない批評家であり、その意味での関心は少しくあったが、昭和三十年代に入ると、プロレタリア文学を超克した「戦後文学」の時代も終熄し、窪川の存在はほとんど忘れ去られ置き去りにされてしまった観があった。私は全くその風潮通りの人間であり、小田切さんからの「一巻本選集」の話に何を今さら、の思いが深かった。何の意気込みもなく「窪川鶴次郎一巻本選集」を企画・装本した（編集実務は同僚の渡辺恒幸さんが当った）。

「一巻本選集」という手があるか——三十年前の気の乗らなかった企画から、保昌さんの一巻本選集ができないものかと思い始めた。窪川鶴次郎一巻本は、『現代文学論』（昭和十四年）から『再説現代文学論』（昭和十九年）まで、昭和十年代の六冊の本から選ばれている。保昌さんには最初の著書『横光利一』（昭和四十一年）から『同人雑誌評と『銅鑼』些文』（平成十三年）まで十八冊の著書があり、かなり厖大な量がある。この中から八〇〇枚ほどを選ぶことで、保昌正夫の真骨頂を伝えることができるだろうか。

保昌さんが終生拘り、考え続けた作家は横光利一に他ならない。戦後、「文学の神様」は一変して「ドン・キホーテ」へと転落した。横光評価の再考（再興）を促すために、保昌さんは横光作品のテキストを整備することから始めた。従来の全集、とくに旧河出書房版の不備を洗い出すことに全力を傾けた。「上海」「旅愁」のテキストとしての不備を徹底して剔抉した。文学研究がその基になるテキストを整備することから始まるのは自明のことで、保昌さんは条件の整っていない態勢でしかバックアップできない河出書房新社をあえて選んで、「定本横光利一全集」全十六巻、補巻一を、二十年の歳月をかけてなしとげた。大手出版社との軋轢などもあったが、保昌さんは筋を通した。

『保昌正夫一巻本選集』には、『横光利一』（明治書院）全篇（これはどうしても抄録としたくなかった）と五十一篇の研究、随想を収めた。収録作品の半ばは横光とその周辺作家が占めるが、この「一巻本」で保昌さんがもっとも多く言及している「二人の先生」がある。

一人は、「横光利一」を卒業論文として提出したときの指導教官であり、終生師事した早稲田の稲垣達郎教授。

いま一人は、早稲田大学高等学院教諭のころ、同じ国語科教員として机を並べていた文芸評論家の浅見淵である（このころ浅見さん、都筑省吾と机を並べたことをのちのちまで保昌さんは楽しそうに語り、書いた）。

この二人の先生について、保昌さんは繰り返し、まことにくりかえし、懐しみ、愛でる風に自身の記憶をなぞっている。稲垣達郎、浅見淵、ともに歌誌「槻の木」の同人であり、私も高校、大学で教えを受けた。

稲垣さんについては二篇の収録文の他に何カ所かで言及されているが、浅見淵についても収録できなかったものを含めると、もっとも多く書いている。直接、浅見淵の名が出てこない文章にも浅見さんの光と影の感じられる文章も多い。

保昌さんが先の「一巻本」の著者、窪川鶴次郎について口にしたことを、浅見さんから強く窘められた（叱られた）話は印象的である。「浅見さんから叱られたことが二度ある。／一度は窪川鶴次郎の『東京の散歩道』という文庫本を読んだとき、窪川氏がこういう本を書いている、評論家窪川鶴次郎が……というようなことを喋ったときだった。／浅見さんは、そんなことを云っちゃ、いかん、ということをいわれた。『窪川鶴次郎の昭和一〇年代の仕事というのは、大したものなんだよ、きみ、そんなこと、云っちゃ、いかんよ』

浅見さんに対する敬愛の思いは年々深まりこそすれ薄れることがなかった。

昭和三十二年、早稲田の高等学院に入って、私がまず驚いたのは、そこに「二人の先生」がいたからであった。一人は都筑省吾。その少し前に、角川書店が社運をかけて刊行した「昭和文学全集」の一巻『昭和短歌、昭和俳句集』（昭和二十九年）に、都筑省吾の作品を発見した。ちょっとアバンギャルド風（？）の歌だなあと本気に思っていた。太陽が夕空にころがっていたり、動物どものまなこのくらさ、などという表現に圧倒された。

もう一人は、「文芸」の時間（「国語」とは別にこういう講座があるのは、高校としては異例）で浅見淵という名前を知ったこと。この人の名はどこかで聞いたことがあると思ったのは、これまた「昭和文学全集」の『正宗白鳥集』で、「細雪」を論じた部分で浅見淵の批評が、もっとも正鵠を射ているという白鳥の評を読んだばかりであったからである。正宗白鳥というエライ（と皆が言っている）批評家が認める批評家だから、すごい人なんだ、この人に教えてもらえるのはこの上ない幸せだと文学少年驀進中の私は感動して浅見さんの話を聞いた。といっても十七歳の私が白鳥を読んでいたのは全くの偶然で、角川書店が「昭和文学全集」の宣伝に、日本青年会館で文芸講演会を催し、その会に武者小路実篤（「愛と死」を読んでしびれていた）、川端康成（「伊豆の踊子」に胸をくもらせていた）、亀井勝一郎の話（この批評家の人気のほどは今から想像できない）が聞きたくて出掛けて行き、その抱き合わせに正宗白鳥をたまたま聞いた、というにすぎない。その会では本に署名してもらえるということで、『正宗白鳥集』を購入して持っていった。このときの白鳥、康成の署名本は今でも家のどこかにある。

稲垣さんには大学で教えていただいた上に、編集者となってからも多くのことを教わった。

昭和四十二年ころ、同僚の編集者日賀志康彦さんが、国文学系の雑誌に載った稲垣さんの鷗外論を纏めたいという。早速、稲垣さんに電話をすると、申し入れに対しての御返事はなく、その何日か後の日を指定し、その日に河出へ出向くと言われた。当日稲垣さんは、鷗外論を纏めるという話はたいへんありがたいが、ある出版社との内々の約束があり、残念ながら御意向に添えない旨、簡潔に申し述べ帰られた。――教え子に対しても、こういう時はわざわざ出向いて断りをいうものか、と私はひどく感動した。結局、稲垣さんの鷗外論は御生前には纏まらず、没後竹盛天雄さんの編集によって岩波書店から刊行された。稲垣さんの「鷗外論集成」を実現できなかったことの結果だけを日賀志さんに伝えたが、彼はとりたてて何も言わなかった。日賀志康彦さん＝歌人高野公彦の若き日の姿である。

稲垣さんの声は嗄れ気味で聞きとりにくい。晩年お宅がいよいよ本の洪水となり、接客の場がないということもあって、西武線中井の喫茶店でお目にかかることが多くなった。「新潮日本文学アルバム」続巻の推薦文をお願いに上がったのもそのコロラドとかいう喫茶店で、あたりに人の声がざわめき、音楽などが流れていると、いよいよ稲垣さんの声は聞きとりにくい。続巻の収録作家何人かについて、こういう人の筋を辿ってゆくと、新しい資料に行き当るかもしれませんよ、といろいろ教えて下さるのだが、こちらに知識があればおおよその見当はつこうものの、残念ながら稲垣さんの話は、肝心のところを理解できないままに終ってしまった。

後記――白鳥が浅見淵の「細雪」評を推賞する文章を角川版「昭和文学全集・正宗白鳥集」で読んだ、というのは私の勘違いである。浅見淵『新編燈火頰杖』（ウェッジ文庫）を編んだとき、その「解説」にも同種のことを書いてしまった。のちに編集者の服部滋さんからこれに入っていますよと手渡された本、まさにそれに収録されていた。正宗白鳥『読書雑記』（昭和二十七年、三笠書房）。少年の私がなぜこういうものを読もうとしたのか、今は甚だ不可解であるとしか言いようがない。

『新編燈火頬杖』

浅見淵

目の前に一冊の薄手の本がある、はずであった。その小冊子に沿って、この「解説」を始めるのが私の目論見であった。少なからぬ時間をかけ、関係各所を当ってみたが、杳としてその本は見当らない。

その本の編著者、浅見淵。書名、『早稲田大学高等学院　文芸副読本』。一四〇ページほどのＢ６判か、四六判の小冊子、のはずである。

浅見淵が早稲田大学高等学院で専任として教鞭をとり始めたのは、昭和二十五（一九五〇）年である。その四年あとに入学した私が、まず驚かされたのは、語学の時間の多いこと（高等学校だというのに第二外国語も必修）と「国語」の時間の多さ、他に「文芸」という講座まであったことだ。

その「文芸」担当の先生が浅見淵で、教材として使われたのが、その小冊子であった。収録作品は先生と同時代の作家が主で、はっきりと記憶しているのは、川端康成「バッタと鈴虫」、堀辰雄「あいびき」、太宰治「黄金風景」、永井龍男「胡桃割り」、他に横光利一、梶井基次郎、坪田譲治など十数篇ほどの作品が収められていたように思う。

その作品の全容を明らかにすることができれば、その小冊子の作品の質の高さを、より明らかに示すことができるのだが、私の記憶に残る四作だけをもってしても、この浅見淵編著の「副読本」の品格あるレベルをご想像いただけると思う。

しかしである（浅見さんの書き癖、口ぐせ）。先生はこれだけの第一級の作品が、十六、七歳の少年にどれだけ理解できると考えておられたのであろうか。私語と、まさしく騒音のなかで、先生は（時折激高されることはあったが）、倦むことなくこれらの作品を解読された。

一体に、浅見さんは年少者に対しても軽んずる風を見せない人であった。説明抜きでいささか飛躍した言い方になるが、文芸時評家として新人発掘の名伯楽として名を成したことは、これと深い脈絡があると思う。また文芸家として尊敬する先輩大家に対して、腰を屈めるときも、その挙措に全く卑屈の気のない文士であった。

文筆家浅見淵には四つの顔がある。小説家、文芸評論家（文芸時評家）、随筆家、編集者である。以下浅見淵の閲歴に沿いながら、四つの顔について略述する。

浅見淵は明治三十二（一八九九）年、神戸に生れた。兵庫県立第二神戸中学校在学中から「文章世界」に短文、短歌などを投稿する文学少年であったという。父君の転勤に伴って、岡山、釜山、東京など各地を転々とするが、神戸に生を享けたということは特別の意味をもつことのようである。外向的で洗練された市民感覚、「都会人」固有の趣味に裏打ちされた繊細な感性の中で育った浅見淵は、文芸批評の分野でもいかんなくその特性を発揮している。

その一例をあげれば、谷崎潤一郎「細雪」に対する批評である。

発表と同時に「細雪」に対しては、実に多くの論評が現われた。折口信夫に代表される批評――戦前の中流階級の持っていた「日本の希望」を「最も花やかにして、而も脆さを深く包蔵する、若い婦人のあらゆる姿態によって」現わそうとした、とする見方である。一方、大阪人の下層・中流に共通した「生活力」が全く描けていないという否定論も強かった。しかし賛否両論いずれも、この作品の後半が戦時下に秘かに書き継がれていた、という「芸術的抵抗」の所産という暗黙の呪縛から逃れていないことは明らかである。

浅見淵は「細雪」を、谷崎潤一郎の「一種の心境小説」と断じ、東京から関西への脱出のなかに「擬古的生活」を見、「徹頭徹尾一応洗練された東京人の趣味」を見る。こうした批評を支えているのは、都会人、神戸の人浅見淵の洗練された批評精神である。この「『細雪』の世界」（昭和二十四年）は、正宗白鳥によって強く推挽され、少年の私は教室の「浅見先生」が批評家「浅見淵」であることを初めて知った。

大正八（一九一九）年、早稲田大学高等予科に入学、同級に横光利一、中河与一、黒島伝治らがあった。在学中同人雑誌に小説を発表、大正十五（一九二六）年、「新潮」新人号に舟橋聖一、林房雄、尾崎一雄らと並んで、小説「アルバム」を発表し注目された。昭和十二年、短編小説集『目醒時計』を刊行し、作家としての地歩を固めた。以降『無国籍の女』（昭和十四年）、『手風琴』（昭和十七年）の二冊があるが、戦後教職についたことなどもあって、小説の数はしだいに少なくなってゆく。しかし昭和四十五（一九七〇）年、早稲田大学の停年退職時に出版した『燈火頬杖』にはその半分を小説が占めている。昭和十年代から終戦を挟み昭和三十年代まで、その旺盛な文藝時評の陰にかくれてはいるが、小説への意欲は失われることがなかった。

「読んだものから——同人雑誌評」（「文藝城」昭和二年九月）が文芸評論家・時評家としての浅見淵の最初の仕事といってよいだろう。「私の近頃読んだ創作の中で、これ程身にしみて読了したものは少ない。私は幾たびか繰返して読んだ。そして、その度に、私の心頭も亦、静かに澄んでくるのを覚えた」

――その「創作」とは梶井基次郎「冬の日」。

浅見淵の作品評の真髄は、親身に作品に寄り添いながら、時に冷酷なまでの「勘」を働かせているところにある。昭和十年代初めの川端康成を論じるに際し（批評家としての川端に言及することは、今も昔もきわめて珍しいのではないか）、「現象に即かずして、客観と、示唆に富むこと、当代稀に見るところのもの」と賞揚している。それはあたかも浅見自身の時評について語られているがごとくである。

これ以降三十年余、浅見淵は一貫して文芸時評家として筆を執り、梶井基次郎、太宰治を発見し、梅崎春生、石原慎太郎、三浦哲郎、五木寛之などの多彩な才能を発掘し、名伯楽として知られた。

この二年ほど私は「文藝時評大系・昭和篇」（ゆまに書房）の編集実務という好機を与えられて、浅見淵の文藝時評を通読することができた。戦後、『文藝時評』を書名とする大冊に、平野謙、山本健吉（いずれも河出書房新社）の二つがある。量的にいえば、十返肇、中村光夫、荒正人、小田切秀雄、瀬沼茂樹、臼井吉見などの第一線の批評家は、優に平野、山本に匹敵する量の執筆があり、単行本化が可能だったはずである。右六人の内、十返、中村は戦前からの活躍がみられるが、他の四氏の「時評」の執筆は戦後のことである。浅見淵は戦前、それも昭和初頭から一貫していることに驚きを覚える。私は浅見淵『文藝時評』を編むことのできなかった不明を恥じるが、六氏の未刊の『文藝時評』と並べてみるとき、浅見淵の作品に対する「親身さ」、柔軟な批評姿勢、「勘」の鋭さは群を抜いていると思う。

こうした時評家としての名伯楽ぶりは文学史に特筆されていいものだが、やはり浅見淵の真骨頂は、その作家論、作品論、作家探訪記を通しての作家、作品への対し方にあるだろう。実に暖かく親身に対象に寄り添いながら、そして時として冷酷なまでの厳しい視線を投げかける。批評というものは所詮「情実」の域を越えることのできぬものだが、浅見淵の批評姿勢にはそうした弛んだ甘さがない。坦々としていながらドラマチックでさえある。平野謙は浅見淵追悼の文のなかで浅見を「人間智」の批評家として敬愛し、それを失った現代批評の現状を批判し物議を醸した。

島村抱月を祖とするいわゆる「早稲田派」といわれる党派性の強い批評家のなかで、浅見淵は相馬御風に勝るとも劣らぬ柔軟さをもつ批評家ではあるまいか。格別の人間好き、人間智の深さにおいて、すぐれて際立っているが、それは浅見淵が大正から昭和へ、確固としてあった「文壇」のよい意味での棲息者であり続けたことと無縁ではあるまい。

昭和十一年九月、第一評論集『現代作家研究』を上梓。浅見淵を終生慕った保昌正夫は、「この時期にあって、「現代」の作家、作品をこのように評価、鑑賞して一冊とした書はまったくといっていいほどなかった」と言い、「「研究」と銘打ったことも、いわゆる「研究」の領域がここまで及んでいなかった」時代の実状に照らして、この本の画期的な出現を熱っぽく懇切に論じている。これに続いて、『現代作家論』（昭和十三年）、『現代作家卅人論』（昭和十五年）を刊行し、文芸評論家として確固とした地歩を築いた。この三冊の評論集に収められた作家論、作品論の充実ぶりは、文芸時評家としての現場の仕事によってもたらされたものであった。

また編集者としては、昭和十年、砂子屋《まなごや》書房・山崎剛平の依頼により企画した「第一小説集叢書」が特記すべき仕事である。外村繁『鵜の物語』、仲町貞子『梅の花』、太宰治『晩年』、尾崎一雄『暢気眼鏡』など、それまで著書のなかった作家を世に送り出すことになった。また昭和十二年から二年間、「早稲田文学」の編集に従事したことも、同じく文芸時評家としての眼力を最大限に発揮することになった。

昭和四十五年、早稲田の停年退職を機に刊行した『燈火頰杖』は、随筆集と銘打たれているが、先にも言ったようにその半数は創作（心境小説）である。なかでも晩年の徳田秋聲を描いた「老作家」（昭和十八年）は、瀧井孝作と鮎釣りの行を共にした「夏日抄」（昭和二十二年）とともに集中の傑作である。いまだ山田順子との一件の影を曳く秋聲晩年の孤影を陰翳鮮やかに描いて見事である。秋聲、孝作は志賀直哉、正宗白鳥とともに、浅見淵が長く深く傾倒した老大家である。

この「新編」を編むに当って、私は『燈火頰杖』の抄出ではなく、浅見淵の全著作から、すぐれた「随筆」を集めたいという誘惑に抗しきれなかった。ために「新編」という命名から逸脱した編集となったことを読者とこの本の企画者、ウェッジ編集部の服部滋氏におわびしたい。

ここに収めた三十一篇の作品（随筆・評論二十九、二篇の小説）は、いわゆる随筆（エッセイ）とは別種の趣きの味わいをもっている。そのよってくるところは、終生小説を書き続けてきた人の文章力にある。対象への擦り寄るような接近、描写の彫りの深さである。いわゆるエッセイストのエッセイとは別種の刀の冴え、彫りの深さがある（晩年にいたるまで、浅見さんが「随筆家」内田百閒をこよなく愛読していたことは、よく知られている。それは学生時代に、無名の新人内田百閒の第一小説集『冥土』（大正十一年）に心底感動したことに発している。時評家としての浅見淵が、一つの作品に対して「涙した」と記したことは、後にも先きにもないことである。「随筆家」内田百閒のユーモア溢れる文体に、「小説家」内田百閒の深い苦衷の表情を見ていることなども思い起こされる）。浅見淵の随筆は、小説家、文芸批評家、時評家としての研鑽が一体となったものというべきであろう。

昭和三十六、七年ころ、先生にご馳走になったとき（もちろんお酒も）、新米の編集者の私に、先生は編集者の心得を諭すように言った。

「文学（小説、とは言われなかった）で重要なこと、よい作家というものは、真理とか美とか説教じゃないんだ、ユーモアだよ。これは学んでできるもんじゃない。井伏、尾崎（一雄）、木山捷平、梅崎君をみてごらん。すぐれた作家はみな生得のユーモアがある」

先生は語尾に「ね」とか「な」とか、同意を求める風の例の口調で言った。そのお顔は早稲田の高等学院の木造校舎の教室での、あの表情のままであった。

二〇〇八年十一月二十日、保昌正夫七回忌に

恋心

日夏耿之介

——といっても晩近の私の恋心について書くわけではない。「晩近《ばんきん》」（ちかごろの意）などという見馴れぬ、こむつかしい漢語を無闇に使った詩人、日夏耿之介の訳詞について書くにすぎない。

学匠詩人といわれた日夏耿之介の業績については、『転身の頌』『黒衣聖母』を代表とする詩集、大著『明治大正詩史』などによって、その名を知る人はあろうが、その数はそう多くはないだろう。ましてやその訳詞のすばらしさを知る人は、ごく少なかろう（私とて、とても『明治大正詩史』全巻を読了したとはいえない。かなり以前、吉行淳之介さんが田村隆一氏との対談で、この大冊に言及しているのを読んで、知的ひけらかしを嫌ったこの作家にしてこの言あるかなと、ショックを受けたことを思い出す）。

元来、訳詩（翻訳）というものは、分りにくい原詩を、分りやすい日本語に移す、ということがその使命である。しかし日夏耿之介に限っていえば、どうもこういう約束は完全に無視されてしまう。

試しに例を一つあげてみる。アイルランドの象徴詩人イエーツの詩「酒ほがひ」（A Drinking Song）

Wine comes in at the mouth
And love comes in at the eye ;

That's all we shall know for truth
Before we grow old and die.
I lift the glass to my mouth,
I look at you, and I sigh.

さけはくちより入り
こひはまなこよりす
老い果《はて》て死《しな》なむ前《さき》に
得さとらむ事《こと》是《これ》而巳《のみ》
巵《さかづき》をくちにかつ觸《ふ》れ
君を見て嘆《なげ》かふ我《われ》ぞ

原詩の表現は、いたって平易で、これなら中学生にでも分る。訳詩の方は、glassに「巵」（さかづき）などと見たこともない字が使われ、「是のみ」と書けばすむところを、わざと漢文風にしている。この辺が日夏詩の評価の岐れ目とも言えるが、私は年少のころからの日夏ファンで、訳も分らぬ妖しい酒に酩酊するようなところがあって、これが堪らぬ魅力である。

一九五〇年代の末に、創元社から出た「現代日本詩人全集」で、日夏耿之介の妖しい詩を初めて知った。何も分らぬ少年の心をとらえたのは、『黒衣聖母』の一篇「浴船」という詩。「わたくしは柔かい真白《まつしろ》いネルを身にまとひ／淑やかに浴みし　かつ瞳を閉づ／心明朗《めいらう》に肉浄《きよ》まり／来《こ》し方《かた》の羞かしき追憶《おもひで》は……」

後年、私は「訳も分らぬ妖しい酒」風の詩にも小説からも、まったく遠ざかってしまったが、こと日夏耿之介に限ってだけは、のちに勤めていた河出書房新社から「日夏耿之介全集」を刊行するほど入れ揚げていた。この全集は、担当者岡村貴千次郎さん入魂の編集で（この人はいつも入魂だが）、本文、装本（長谷川潔、杉浦康平）とも、戦後の出版史に残る傑作だと思う。

日夏耿之介の訳詩が、いかに異様なものであるかを際立たせるために、同じ詩を訳した西條八十のものをあげてみる。

酒は唇《くち》よりきたり
恋は眼《まなこ》より入る。
われら老い、かつ死ぬる前に、
まことに知るべきはこれのみ、
われ杯《さかづき》を唇《くち》にあて
君を眺めて嘆息《ためいき》す。

老いてなお艶福家として知られた西條八十と日夏耿之介（日夏さんも謹厳な風貌をしているが、おそらく色ごのみの人であったろう）の二人が初老の際に立って（といっても五十前）、若い（？）女性への思いを「嘆息《ためいき》」のように響かせた、いずれも名訳である。

以上のことは、福永武彦氏の名著『異邦の薫り』(昭和五十四年)を再読し、改めて感じ入ったことに沿って書いたのである。『異邦の薫り』は、鷗外『於面影』から寿岳文章『神曲』にいたるわが国の代表的な訳詩集十三冊について書かれたもので、福永さんならではの仕事、ぜひ読みつがれてほしい本である。日夏訳、西條訳、いずれがよいかはお好みによるが、私には西條訳も捨てがたい。

随筆の底を流るるもの

岩本素白

旧臘（平成二十年）押し詰って、ウェッジ文庫の一冊、岩本素白随筆集『東海道品川宿』（来嶋靖生編）が刊行された。少し前から来嶋さんに刊行までの経緯を聞かされていたが、この一冊を前にして、私は深い感銘と感慨を覚えた。

つい数年前まで、岩本素白の名は知る人ぞ知るで、ジャーナリズムに広く知られていたとはいえない。昭和三十六（一九六一）年に素白先生が亡くなられ、昭和四十九（一九七四）年、三巻本の『岩本素白全集』が春秋社から刊行されたが、その随筆の名品は一部の人のみの敬愛に守られてきた。

そして四半世紀ののち、平成十三（二〇〇一）年十二月、みすず書房から刊行され始めたシリーズ「大人の本棚」の第一回配本に池内紀編『素白先生の散歩』が出た。新聞広告で知ったのだが、『素白先生……』が「岩本素白先生」であることを本を見て知ったときは心底びっくりした。

池内紀氏はすぐれた独文学者であり、定評あるエッセイストであるが、またエッセイの目利きでもある。この一冊の出現は、没後四十年を経て岩本素白の名を劇的に浮上させたといっていい（こういう大仰な言い回しは素白先生のお好みにそぐわないが）。

このウェッジ文庫『東海道品川宿』を前にして私は深い感慨にとらえられたと書いたには、いささかの事情がある。「解説」で来嶋靖生が書いているように、その原稿の第一回を来嶋さんは板橋中丸町のお宅へいただきに上った。その当時すでに来嶋さんは師都筑省吾を扶けて、「槻の木」の編集に当っていたが、勤務先の出版社から新しいメディア開発部門への出向を命ぜられ、その設立と運営に忙殺されていた。都筑師と来嶋さんの間にどういう申しあわせがあったか、年少の私には知る由もなかったが、ともかく第二回目以降の原稿は私がいただきに上ることになった。池袋からバスに乗り、保昌正夫さんのお住い近くを右折して通ったことだけは、はっきりと覚えている。方向音痴に近かった師が、道順を図に書いて下さったとは思えず、住所だけを知らされて出掛けたにちがいない。夏の盛りでバスを降りたはいいが、同じく方向感覚ゼロの私は、そのお住いに行き当らない。「岩本素白先生」のお宅は、と通りがかりの人に尋ねても一向に要領を得ない。あるいは「岩本堅一」と本名で聞けばすぐに分ったのかもしれないが、その当時の私は素白先生の本名さえ知らなかったのかもしれない。あとで知れたことだが、「石井鶴三画伯」のお宅は、と尋ねればすぐに分ったにちがいない。素白先生のお住いは、彫刻家石井鶴三邸の一角で、夫人同士が女子美時代からの友情で借りうけたもので、戦災で無一物になられた岩本夫妻のために、邸内の一部を割かれたものだ、ということを後に知った。

これにまつわる失敗談――。昭和四十二年ころか、編集者になって数年を経た私は、ある文学全集の挿絵を石井画伯に引き受けてもらい有頂天になっていた。石井さんはその来歴をみても、こと仕事に関しては、いろいろと悶着のあった方で、その描かれる線のように剛毅で、好い加減な応対を許さない圭角の人であった。あいにく指定の日時に先約があり、画稿をただいただくばかりと心得て同僚の編集者を出した。そして二時間ほどあと。石井画伯から雷鳴のような電話が入り、「ああいう無礼な使いをよこすキミは信用できん、以後出入り禁止」と断言された。とるものをとりあえず中丸町のお宅へ駆けつけたが会っては下さらない。何度か呼びかけると、奥様がドアの横の覗き口から顔を出し、主人はお目にかかりませんの一点張り。話の接穂に窮した私は、実は奥様のご友人のとなりの奥様のご主人岩本先生のお宅には親しくお出入りを許された者である旨を申し上げた。だいぶくどくどと言ったようで、夫人は困ったような冷笑のような微苦笑を浮べて言った。「ああそれは主人の先の……」

　昭和三十三年夏の盛りから三十五年晩秋まで、中丸町通いが続いたが、私は師都筑省吾の使いであって、原稿さえいただければそれで事はすむと心得ているから、正直言ってお玄関でお暇をしたい。しかし先生にまあお上りなさいと居間に通され、端座された先生からお話をうかがう。いったい例月、素白先生はこの若造に何を話されたのか、勿体ないことに当方にはほとんど全く記憶がない。ただ一つだけ「トーザン」（唐桟）と「洋杖《ステッキ》」についてはわずかに記憶の断片がある。いったいに先生はお一人で絶間なく話されるが（といってせかせかした調子は全くなく）、私は明治初年生まれの祖父の話でも聞くように、これが江戸の名残りの話しぶりかと思って聞いていた。折々私には理解できない言葉がある。これは後に知ったことだが、「さだ過ぎたその家《や》の娘」などという言い回しを意味不明のまま聞いていたのであろう（今では考えられぬことだが、当然私も端座していた）。明治新時代の父の話しぶりに馴れた私には理解できないことばが多かった。父は半職人（半商人）ではあったが、大正・昭和の空気をいっぱいに吸い込んだモダンな青年で、伝法な職人ことばをひどく嫌った。私が粋がって蓮っ葉な物言いをすると眉を顰めた。父の話しぶりは、いわゆる「日本橋の旦那衆」の話とも違う。今でも日本橋出身の文筆家大村彦次郎さんと話をすると、自分の口跡はずいぶんと野卑だなと思ったりする。

一知半解のくせに、変に物怖じしない私は、「東海道品川宿」㈤の「若松屋さん」という訳あり風の小間物屋を「六十がらみの年寄りで、さすがに日本橋辺から来るだけに、如何にも都会人らしいあく抜けのした、着ている唐桟《とうざん》の着物もいや味なくよく似合っていた」というあたり、「唐桟」について素白先生にお尋ねしたようである。蒲団のガワか、女中のお洒落着のようなものだと思っていた私は、「唐桟」は男が着て「あく抜け」したものでしょうかとお尋ねしたようである。素白先生はおやおやという顔をされたが、すぐ持前の柔和な笑顔になって、「唐桟」のあれこれを説明して下さった。しかしその詳細は全く記憶にない。あるいはこの「唐桟」についての話は、「槻の木」昭和三十六年一月号（この年素白先生は亡くなられる）にいただいた「怡々草堂夜話——唐桟」のときのことかもしれない。この「怡々草堂夜話」は、唯一といってもいいくらい珍らしく、昭和三十四年に亡くなられた登美夫人について愛惜をこめて書かれた名文である。「東海道品川宿」は昭和三十三年七月に連載が始まると、ほぼ毎月続いたが、三十四年六月から十二月まで休載された。この間三十四年七月に登美夫人の逝去があったのである。

素白随筆に散見されるものに「洋杖《ステッキ》」「杖」がある。素白先生は外出には必ず「洋杖《ステッキ》」を携えられる。お宅に伺うようになって、お玄関先でまず目にとびこんできたのは、当時珍しい「洋杖《ステッキ》」である。先に書いたように父はステッキ作りの職人で、店にはさまざまの売り物、預り物のステッキがごろごろしていた。スネーク、オーク、籐などの外に、目のこんだ竹の節孔のすべてに24金の鋲を打ちこんだものなどがあって、その大正成金好みのいやみなステッキに度胆をぬかれたりした。戦後、ステッキを携える人は少なくなり、時折入って来た客が、ステッキを杖と思いなして、ステッキの先の部分（ズキ）を滑り止めのゴムにしてほしいなどという注文に、父は露骨にいやな顔をしてにべもなく断った。ステッキは足腰の助けに用いるものではない、お洒落の小道具である、というのが父の舶来の「哲学」であったようだ。

素白先生のステッキはスネークなどというちょっと気障な高価なものではなかったが、籐の一本もの（？）らしく、趣味のよいものであった。もちろんズキにゴムなどはついていない。素白先生は生来姿勢のよかった方らしく、晩年になってもステッキに頼らず、颯爽とした歩き姿をしておられた。お洒落な方であった。――そんな話を素白先生崇拝者の山内義雄先生に話したものか、ある日山内さんは木挽町の父の店へ来られたらしい。その後何かの折にお目にかかると、「ステッキ、お父さんに直してもらったよ」と言われたには恐縮した。むろん父は「山内義雄」の何たるかを知る由もない。私は父にこのことを告げなかった。

素白随筆の魅力について、その高雅な品格ある佇い、学識教養に裏打ちされた丈高い文体のいわれるのは、まさしくその通りだが、なぜわれわれは遠い明治の品川宿の四季人情に、こうまで惹きつけられるのだろうか。明治追慕のすぐれた随筆をあげよといわれれば、容易にいくつかの作品を数えることができる。しかしそれらとは明らかに違う「素白随筆」の魅力の源泉とは何なのだろう。

堅一少年が少年期を過した品川宿という「悪所」に注目しないわけにはゆかない。「神祇釈教恋無常という言葉があるが、まさに恋と無常とが背中合せになっている土地」（「東海道品川宿」(十三)）品川は「遊惰と淫蕩とに縁の深い町」である。この土地にあって旧士分の父母をもつまっとうな堅一少年は明らかにこの社会の異分子だといっていい。だから異分子の高みから「遊惰と淫蕩」の町を、「現実曝露」として描くにいたるのは自然である。ましてやがて全盛期を迎える自然主義の牙城早稲田に学びながら、素白先生はその道をみごとに逸れた。

「東海道品川宿」には、この苦界にあって「義理と気兼ね」をして生きる人たちへの共感が一貫して流れている。「気兼ね」という廃れた言葉を現代語訳すれば、「思いやり」などという言葉に置き換えられるかもしれない。しかしこの言葉には「思いやり」などという甘ったれたニュアンスではとらえられない凛とした明治人の生の確かな実感が込められていると思う。

素白先生はまた「随筆」について実に深く思いを凝した文人であった。「他の種類の文芸とは異なって、きわめて複雑な性格を有して居るものである。これを流れに譬えると、必ずしも水は真直ぐにのみ流れて居ない。正流し横流し逆流し旋回して居るが、しかも其の深い底の方には一筋の強い流れが通って居るように思われる」（全集第三巻収録「随筆の底を流るるもの」）と言い、それはどういうものであるかというと「極めて超俗的なものであり、隠逸的のものであり、孤高にしてまた高踏の風を帯びて居るものである」という。しかしその高踏性は「必ずしも後の隠遁的消極的な弱気なものばかりでなく、要するに覊絆、束縛、抑圧を嫌う反撥的の心であり、平俗低劣なるものに対して盲従し追随することを厭うところの態度である」としている。そしてむしろ「実は他に拘束されることを厭い自由の天地に高翔することを願う、むしろ弱く屈することを欲しない心の現れである」という。これはまさしく「素白先生」の随筆そのものではないか。

それにしても素白先生は、晩年にまでよく出歩かれたようである。荷風散人のような町歩きとは別種の趣きで、千葉、埼玉と当時の交通事情を考えあわすと日帰りで出掛けるのは無理と思われるところまで、それもひょいと思いついて出掛けるのである。その大方は古くからの街道筋が多い。それはあたかも素白先生の「遊行」のようにも見え、そうした「遊行随筆」の名品が今なお私たちを唆るのは（酒を嗜まれなかった素白先生ではあるが）その「遊行上戸」の「狂」にわれわれは酔わされているのではあるまいか。

『素白先生の散歩』によって、素白随筆への窓は大きく開かれた。そしてこのたび来嶋靖生の名編集によって、素白先生最初にして最後の連載随筆を表題にしたこの『東海道品川宿』が上梓され、私たちは改めて素白随筆の滴るようなおもしろさに浸ることができるようになった。

ありがたい一冊である。

垣間見た人

山下清、川浪磐根

雑司ヶ谷、本間久雄邸を左に折れると、都筑省吾先生のお宅につき当る。われわれ早稲田大学高等学院短歌会の学生は、月に二度ほど、いやもう少し足繁く先生宅を襲い、歌を見ていただく、お話をうかがうという口実を設けて（といっても半分以上の時間、先生は沈黙）頻繁に訪問した。ともかくお側にありたいというファン心理である。

昭和二十八年末、三浦荘を引き払ってのこの雑司ヶ谷のお住いは、いわば幸子夫人との新婚生活の居宅であるが、原田清、来嶋靖生、三木計男さんらの先輩が貼ったという天井紙は、すでに中央が垂れ下り、真冬といえども手焙り一つしかない。それでも寒いと思ったことはない。大正末年から昭和初期に活躍した文芸評論家平林初之輔が住んでいた家とのことで、大家《おおや》で隣家の詩人鈴木四郎さんの母堂が「遅くまで灯りが点いていた、よく勉強される方でした」と言っておられた。当時の私が、平林初之輔がどういう人か、はっきりと知らないことは当然のことだが、後年平林の肖像写真をみると、バックに写っているのが都筑先生の二階の書斎であることに、ひどく感動した。

お宅は「槻の木」の編集所を兼ねているので、当然のことながら、いろいろな人が訪ねてみえる。

昭和二十九年末、小柄で禿頭、鋭い目付、細い鼻梁の整った立派なお顔の方が、ちょくちょくお見えになる。傍で話を聞いていると、窪田空穂先生の主治医で、歌集『水ゑくぼ』を出されたばかりの山下清氏である。山下さんは、日露戦争酣《たけなわ》の頃（！）旧制第一高等学校の三部（医科）から京都帝大医科を出た秀才で、一高時代、夏目漱石に習ったことがあるという。漱石は写真でお馴染みの英国風の紳士《ジェントルマン》スタイルで、髪もキチッと分け、濃いカイゼル髭をピンと立てていたという。講義中は冗談ひとつ言うでもなく、歯切れのよい音楽的な発音と「快刀乱麻を断つ訳解とは見事なものと今でも記憶にはっきりと残っている」と、集英社版「漱石文学全集」第八巻（昭和四十七年八月）月報に書かれている。

集英社版全集の編者は、文芸評論家の荒正人氏で、この全集を契機に漱石研究に没入し、その追究は徹底したものになる。そして漱石の一日一日の行状を調査・記録した『漱石研究年表』（昭和四十九年十月）に結実する（この年表については兎角の評判があったが、得てして先駆的な仕事に誤りのあるのは当然のことだ）。荒さんは戦後すぐに「漱石の暗い部分」を初めて剔抉した人として、私の記憶に鮮かであった。

その時、山下さんが都筑先生との座談で話された漱石のエピソードは強く印象に残った。山下さんが一高三年のとき、漱石にひどく「叱られた」という。生徒が「何《ど》んな態様《ざま》をしようと決して叱らない」漱石に、（和服姿の）山下さんが両手を袖にして頤《あご》を支えて講義を聴いていて激しく叱られた、という。これは無礼ということだけではなく、漱石の「暗い部分」にかかわるエピソードとして有名だが、荒さんに当の「学生」が現存しておられることを伝え、この月報執筆となった。荒さんには生前多くのことを教えていただいた。

昭和四十年代に入ると、文芸ジャーナリズムの第一線から「荒正人」の名の輝きが急速に薄れていったのは淋しかった。

同じころ、よく山下さんと同年輩の白髪の紳士が訪ねて来られた。歌集出版のためであることは後に知った。都筑先生よりはるか年長と思われるが（少年にとっては五十以上の初老の人は誰も同じようにみえたが）、それが歌集『山さんご』の著者川浪磐根（道三）氏であった。明治十六年生、窪田先生と六つちがい、都筑省吾とは十七の年の差がある。しかし川浪さんは都筑省吾に対して年長者に対するような丁重な応待をされた。もちろん都筑先生は師空穂とほぼ同世代で、同じ時代の文芸ジャーナリズムを生きてきた先輩に対し、より丁重な受け答えをした。陪聴の私は窮屈な思いだけをした。（来客があっても、どうして私は辞去しなかったのだろうか？）

この川浪さんが、明治末から大正にかけて活躍した女流作家、水野仙子の夫であることを知ったのは、かなりのちのことである。昭和三十六年、河出朋久さんの後押しがあって河出書房新社に入れてもらい、私は暇にあかせて「現代日本小説大系」に読み耽っていた。もちろんそのとき、第三十八巻の収録作品「輝ける朝」にも、その少しあとの筑摩書房版「現代日本文学全集」第八十五巻で、仙子の代表作「嘘をつく日」を読んだときにも、格別の印象をもったわけではない。ただ仙子が田山花袋門であり、「蒲団」のモデル永代美知代とともに田山家に止宿し、花袋の指導を受けた女弟子であること、過激派女性雑誌「青鞜」への参加、晩年には有島武郎に私淑するなど、三十二年の生涯を目まぐるしく変貌、進化させたことに驚いただけである。しかしこのことはのちになって、同時代の女性作家、田村俊子、素木《しらき》しづなどと並べれば、明治末から大正にかけて、女性でありながら小説を書くということが、いかに「きつい」ことであるかを知る切っ掛けとはなった。

川浪さんと水野仙子は、「文章世界」の投稿仲間として知り合い、五年後川浪さん二十九歳、仙子二十四歳のとき結婚する。その結婚が決まったとき、房州に「婚前」旅行をする。その車中で仙子は男もちの扇子を渡す。扇面には「そのかみのきんから筥《はこ》のめをとびなそのまゝにしてやすく寝むかも」と書いてあったという。旅の宿で床を並べても、「結婚前だから」ということである。自然主義の「現実曝露」の影響下に出発し、やがてストイックで理想主義的な文学に魅かれてゆく途次に、仙子は混沌として夭折したのである。それにしてもこの歌、婉曲にしてかなり露骨な歌でもあり、すでに二人の強い絆を感じさせる。川浪さんは『山さんご』で「若くして死にける妻のそのまゝに面変りせず今は娘《こ》のごと」と病弱であった仙子を哀切に歌っている。『山さんご』は変型判の洒落た造りの本で、「槻の木叢書」のなかでも、ひときわ異彩を放った。

川浪さんは細身の端正な好男子で、いかにも「きつい」女性にもてそうなタイプの人だった。編集者（男）と女性作家（「きつく」ない女性作家というものは、東西古今いない）という組み合わせで、ふいと思い起こすのは鎌田敬止氏のことである。一度、宮柊二氏宅でお目にかかったが、鎌田さんのソフトな風貌は、川浪さんを連想させた。この人が『新風十人』（昭和十六年）の仕掛け人かと緊張したことを覚えている。挙措動作、口跡、万事控え目で穏やかな方である。

その鎌田さんのパートナーは、近年目覚しく再評価の気運のある野溝七生子《のみぞなおこ》。東洋大学在学中に「山梔《くちなし》」を発表注目を集め、「女獣心理」で一部の評価を得たが、昭和二十年代後半からは完全に沈黙し、文壇からは忘れられた。近年になって華々しく再評価されるようになったのには、鎌田氏の粘り強い支えがあったと伝えられる。

この人・この三冊

杉浦康平

①『日本のかたち・アジアのカタチ』（杉浦康平著、三省堂）
②『教王護国寺蔵　伝真言院両界曼荼羅』（企画・撮影、石元泰博、構成・造本、杉浦康平、平凡社）
③『現代装幀』（臼田捷治著、美学出版）

杉浦康平を一言で言えば「ピカソ的変貌」をくり返す思想家である。

戦後のグラフィックデザインをつねにリードしてきた杉浦氏は、一九六四年と六六〜六七年にわたって、ドイツのウルム造形大学に招かれ、そこで第一の変貌をする。それまでの杉浦氏は、記号論、視覚心理学の摂取を通して西欧のデザイン思想を深めてきた。ウルムで西欧近代の二進法の思考（イエスか、ノーか、中間的な判断を排除する）を鏡にして、杉浦氏はイエスでもノーでもないアジア人である自分の思考に向きあう。そこから単に装飾《デザイン》を超えた何かに心を捉えられる。その体験が『日本のかたち・アジアのカタチ』として結実する。ウルム体験の十年後、杉浦は『教王護国寺蔵　伝真言院両界曼荼羅』（一九七七年）の構成・造本に挑む。この本（というより工芸品）は函二つに収まり、大きさはタテ六十二センチ、ヨコ四十四センチ、重量は三十キロを越える。定価八十八万円！　国宝「胎蔵界曼荼羅」「金剛界曼荼羅」二幅をオールカラー

イラスト＝和田誠

で収める。高定価とはいえ、完売しても採算はとれそうにない。当時の出版界の底力。三八〇円の文芸書しか作れなかった私などは、編集担当の松森務氏（実は隣人）に見本をみせられたときの驚き！

臼田捷治氏の『現代装幀』は戦後のブックデザイン史を初めてグラフィックデザイナーの仕事を中心に見据えた前著『装幀時代』（晶文社）の続編。杉浦教の私にとってたまらない杉浦賛仰の書でもある。

杉浦さんはもの柔らかな人である。石原慎太郎氏の『行為と死』（河出書房新社）ほか数冊の装幀をお願いしたが、石原氏が一九六八年、参院選に自民党から出馬し大勝すると、「もう石原さんの装幀はしません」と言い、それ以降石原氏の杉浦装幀本はなくなった。

杉浦さん、オッカナイ人である。

タイムマシンに乗って戻ってきた

広瀬正

広瀬正さんはいつも突然にやってくる。小脇に風呂敷包みの大部の原稿を抱え、飄然と編集室に現われる。編集担当者のいないときは、私の脇のソファーに腰掛けて彼が現われるのをじっと待っている。彼は星新一さんとの約束を、ぴったり二十四時間遅れて訪問したという豪の者（星さんの証言）で、広瀬さんの顔は時間が経つにつれ不機嫌に歪んでくる。

昭和四十五年春、私は同僚の彼龍円正憲に紹介され、広瀬正の初めての長篇「マイナス・ゼロ」の初稿を読んだ（読まされた）。ＳＦの世界に全く知識のない私が読んでも、抜群に面白い。いやそうではなく、私に全く知識のない分よかったのかもしれない。かりに私が海外のＳＦに精通し、昭和三十六年ころからの広瀬正の作品を読み、氏の「長い鬱屈した日々」を知っていたとしたら、広瀬さんに対して「ＳＦ仲間だけにしか通じないアイデア倒れの代物」を書く「ＳＦ作家」という先入観しかもたなかったであろう。当時の文芸編集者の大半（私もその一人だが）は、文芸としてのＳＦの可能性を認めなかった。それに「ＳＦ作家」はやけに孤立して団結していた。

私はこの作品を勘違いしたのである。広瀬正との雑談のなかで、広瀬さんが私の隣町の出身で、やくざなバンドマンであり、クラシックカーの模型製作の職人で（趣味ではなく、不遇時代はこれで生計を立てていたことを、葬儀のとき自宅を訪ねて初めて知った）、あまつさえ今は身を落として芽の出ない小説を書いている、ご近所のおじさんにこの手の人いるよな、という親近感をまず覚えた。この小説は「失われた東京」に対する郷愁《ノスタルジー》の物語と思いこんでしまった。

昭和四十四年、司馬遼太郎の第一エッセイ集『歴史と小説』のことで、足繁く司馬邸へ出向いた。司馬さんの興がる話などとてもできない私は、自然に今進めている仕事の話をして時間塞ぎをした。一つは山崎正和氏の書き下ろし評論『鷗外 闘う家長』、一つは『マイナス・ゼロ』。山崎さんが山崎正董翁（『横井小楠遺稿』の編著者）の孫であると申し上げると、「ほう」と目を輝やかせた歴史家司馬遼太郎も、『マイナス・ゼロ』がSFと知ると、少しの興味も示さなかった。SF、探偵小説には興味が薄いと自らも言った。

昭和四十五年暮に刊行された『マイナス・ゼロ』はそこそこの反応はあった。しかしこの作品が注目を集めるようになったのは、『マイナス・ゼロ』『ツィス』『エロス』の三つの作品が、三期連続で直木賞候補になったことが大きかった。しかし推薦者は司馬さんただ一人。前年九月に選考委員になったばかりの司馬さん一人の力では、とても受賞の叶わなかったのは当然である。戦前からの作家で選考委員の大佛次郎、川口松太郎、海音寺潮五郎らの先輩が強い発言力をもっていた時代のことで、司馬さんはこれらの作品が正当に評価されるのは数年後のことであろうと選評に書いた。司馬さんは三期一貫して、広瀬正を「自分の空想（思想）をどれほど精緻に計数化しうるかに挑んだ作家」として高く評価した。

昭和四十七年三月、麴町警察署から「路上病者」の所持品に名刺があったので連絡したとの電話が龍円正憲あてに入った。あいにく彼は出張中で私が駆けつけたが、広瀬さんの遺体はすでに大塚監察院に送られていた。匂いというものを全く感じさせない、ひんやりとした病院の待合室で、私は長い長い時間待った。やがて出てきた雄牛のように厳つい女医は、私を見るなり仏さんの職業は何かと訊ねた。あとから考えれば自分でもおかしいくらい私は、広瀬正がいかに嘱望されている作家であるかを愬《うった》えた。女医は軽く頷いて「でも頭の神経はボロボロ、新聞記者《ブンヤ》さんもあんた方も同じだよ。気つけな」とにべもなく言って去った。

三月十一日、出棺のとき龍円正憲は棺に“TIME MACHINE”とマジックインキで大書した。

『マイナス・ゼロ』は、浜田少年が隣人の「先生」から、十八年後の今日、ここに来てほしいと頼まれる場面から始まる。十八の二倍の歳月、三十六年後二〇〇八年の今日、広瀬正は「大きな活字」というタイムマシンに搭乗して、われわれのもとに戻ってきた。

「欠伸をしている」ミシマさん

三島由紀夫夫人、平岡瑤子さんに私が初めてお目にかかったのは、いつのことであったか。文学全集などの仕事で新米の編集者として、三島家へ出入りするようになったのは、昭和三十八（一九六三）年、三十七年前のことである。

一体に当時の編集者は、打ち合わせと称して頻繁に作家の自宅へ伺ったものだ。さすがに電話のない作家はいなかったが（吉田健一氏のお宅には電話がない、ということになっていた）、FAXもない時代のこと、急ぎの原稿依頼、催促、打ち合わせ、ゲラの受け渡しなど、そのつど自宅まで出向いた。

原稿、ゲラなどの受け渡しは玄関先ですませることもあるが、打ち合わせとなると応接間（のない家は書斎、あるいは居間）に通され、大方は茶菓の接待になり、夫人かお手伝いの人が運んでくるということになる。それが夫人であれば、そのまま主人の傍に坐り、話の始終をじっくりと聞かれることもある。こちらが話し相手として頼りないこともあるが、作家は話の相槌を夫人に求めて、こちらが手持ちぶさたになる、などということもあった。三島家は、古くからいるお手伝いの人がすべてを呑み込んでいる風に、手際よく茶菓を供し、あっという間に引込む。通常であれば応接間に決して夫人は現われない。

昭和四十一年、単行本『英霊の聲』の見本を自宅ではなく出先へ届けたとき、瑤子夫人がたまたま同席していて、その時初めてお目にかかったように記憶している。

その年の二月、雑誌「文藝」に「英霊の聲」が掲載され、三島さんがそれを中心に作品集を纏めたいと考えているという情報が入った。三島さんにはすでに成案があり、「英霊の聲」の他に「憂国」「十日の菊」「若人よ蘇れ」「林房雄論」の五篇を収めてはどうか、考えてみてほしい、ということであった。こういうときの三島さんは、これで進めてほしいという風な押し切り方をしない。しかしなぜかこの時、三島さんはこの本の出版を急いでいるという印象を、私は強く持った。上司の坂本一亀氏（『仮面の告白』の担当編集者）に相談し、「林房雄論」を外す、戯曲は一本にするということで「若人よ蘇れ」を外した。代りに巻末にエッセイを書き下ろしてもらうことにした。

この前年、単行本『サド侯爵夫人』（「文藝」掲載）を、私は担当していた。これが三島戯曲の最高傑作であることは今日衆知のことであるが、「英霊の聲」を読んだ私の第一の感想は、「よくわからない」ということだった。がこれは「天皇制だな」という憂鬱な予感もあった。この作品に殊のほか執着している三島さんが、一体これからどこへ行こうとしているのか、私にはそれが分らなかった。ならば編集者としては邪道であろうが、評論でその考えをストレートに知り、伝えることが必要なのではないか、と思った。「国体論」について五十枚ほど書いてほしいとお願いした。

近頃、「国体論」で物議を醸した首相と私は同世代であるが、われわれ昭和十年代初めの世代は、生れこそ戦時下だが物心ついたときは戦後であり、戦前のことはほとんど知らないに等しい。従って戦時中の喧しい皇道精神の用語なども、さっぱり分らなかった。翌昭和四十二年に「朱雀家の滅亡」を単行本化したときの帯のコピーでも、その時点では「文藝時評」などの評価も出ておらず、三島さんの談話の中から、なんとかひねり出そうとした。しかしまずその用語からして分らない。この戯曲で三島さんは、「ショーショーヒッキン（承詔必謹）の精神」をと言ったが、それをどう表記したものかさえ分らなかった。

「国体論ねえ」と、三島さんは一瞬首を傾げたが、すぐ書くと約束され、一週間後に書き上げたのが「二・二六事件と私」である。「国体論にはならなかったがね」と言って笑ったが、三島さんのエッセイとしては稀れな、生々しい肉声が聞えるものだと思った。

「往年の文士は、停滞しては復活し又停滞をとくり返したものだが、われわれ戦後の文士は〝出ずっぱり〟でいなければすぐ忘れられてしまう」というのが三島さんの常々のグチで、谷崎や鏡花のような生き方はわれわれに許されていない、それが現代の文壇ジャーナリズムだ、と言った。三島由紀夫の二十五年の華々しい文筆活動は「出ずっぱり」そのもののようでいて、作家としての盛名となると、やはり照りも曇りもあった。

『英霊の聲』の装本のことで打ち合わせに伺ったときのことだったと思うが、帰途、ボディビルの練習で後楽園ジムへ行くからタクシーに同乗させてほしいと言う。後楽園を回って、社のある小川町へ帰ることにした。三島さんが降りると、それまで一言も発しなかったタクシーの運転手が感に堪えぬという風に言った。

「あれ、ミシマさんですよね――オレ、ミシマの大ファンなんですよ。あの人、声もいいし、ウタも上手いですよね」

当時、ミシマトシオという歌手がかなりの流行《はやり》で、名前だけではなく風貌もよく似ていた。細面の顔、ぎょろっとした目、ショートカットの髪、運転手が間違えても無理はない、といえばいえる。しかし、あれほど「顔」を売ることに腐心した「世界のミシマ」も流行歌手とまちがえられるのか、と私は軽いショックを受けた。

昭和四十一年から四十三年まで、三島さんはライフワーク「豊饒の海」四部作を執筆中で、この間は戯曲と短篇小説しか発表していない。それまで「出ずっぱり」で作品を発表してきた三島さんにとって、初めて迎える「停滞」(と見られていた)の時期に、歌手ミシマが華々しく登場したというわけである。

昭和四十五年夏、社の同僚石野泰造さんが文学全集の口絵写真撮影のために、下田の東急ホテルへ三島さんを訪ねるという。ちょうど「埴谷雄高作品集」の推薦文を担当の川西政明さんから言われており、その依頼もあって、一緒に下田へ押しかけた。三島さんは、のちに「楯の会」会員となる青年たちや、夫人の友人と賑やかに談笑していた。撮影のためにその談笑の輪から離れて海辺に着くと、それまでの破顔哄笑の顔を窄《すぼ》めるようにして、三島さんは今の文壇の沈滞について、いささか陰鬱に呪詛の言葉を投げつけた。しかしそれはほんの枕で、自分がノーベル賞を逸したのは国連事務総長・ハマーショルドの死が痛かったということから始まり、現在執筆中の長篇「豊饒の海」(ほとんど執筆を了えていたと思われるが)が完結しても何の話題も投じることにはならないだろう、と悲観的に呟いた。そのころアンドレ・マルロオの『アンチ・メモワール』がフランスで刊行されて大きな「社会的事件」となり、新聞紙上でセンセーショナルにとり上げられている事実を、羨望をこめて語った。すでにこの時、一個の文学作品が文壇において評価されいかに問題にされようと、その事自体に「欠伸をして」いる三島由紀夫がいた。三島さんの底知れぬ焦立ちと荒廃を感じ、私はただ黙って聞いていた。

「埴谷雄高作品集」の推薦文は、九月下旬に郵送されて来た。この四〇〇字ほどの原稿は、おそらく三島さんの生前最後に執筆されたものであり、文学という「小さな王国」への恋闕《れんけつ》の念《おも》いを吐露したものであろう。

本書（『写真集三島由紀夫'25～'70』新潮文庫）は没後二十年に当り、新潮社出版部の梅澤英樹氏の要請で編集したものの文庫版である。『新潮日本文学アルバム　三島由紀夫』を編集したことのある私は、この仕事を気軽に考えていたが、試案として作ったものはわれながら全く新味がない。夫人は呆れたという顔をして、自宅の資料を再調査することを約された。何日かして伺うと、それまで物置に眠っていた埃塗れの包みがいくつかあった、という。整理好きの父梓氏が管理していたもので、生前の三島さんは、全くこの手のものに興味を示さなかったという。中から祖父定太郎、祖母夏子関係の写真がたくさん出てきた。祖母夏子の葬儀の写真――祖父と後ろ姿の肩を落した公威少年の姿は、何よりも雄弁に祖母と少年の関係を語りかけてくる。

新しい資料や編集上のアイデアをいくつか出されたが、収録写真についての注文はほとんどなかった。ただ一つの注文は、最終ページの写真について当初、昭和四十五年、最後の正月に撮った父梓、母倭文重、弟千之夫妻、紋付きの三島さんと夫人、その子供たちの一族団欒のものであった。が、夫人がこれにしてほしいと示した写真は、前方に三島さん、はるか後方のテラスに夫人、二人のお子さんの姿が見える。

夫妻揃った写真での瑤子夫人は、どれも幸せそうに充ちたりた顔をしているが、この巻末の写真ではあまりに遠すぎて、どういう表情をしているのか判然としない。

三島没後三十年

ことし、平成十二（二〇〇〇）年十一月二十五日に、三島由紀夫没後三十年を迎える。多くの「戦後派」文学の作家が忘れ去られ、その傑れた作品を読むことも困難な中にあって、ひとり三島由紀夫だけが、異常な関心の的となって生き延びた。

埴谷雄高はドストエーフスキーを、「死後成長する作家」と評したが、三島はまさに「死後成長」した稀れな作家といっていい。命日前後に、新発見資料の紹介、数多くの雑誌特集、新規に大部な個人全集が刊行され始めるなど、若い人の間にも〝三島ブーム〟が起っている、という。

切腹自決という異常な死が、若者にどう映っているのか、彼らは三島由紀夫の顔（＝肉体）を知らない、ということを聞くと、改めてこの三十年という時間の遠さを感じる。

今年に入って多くの人が三島由紀夫との個人的な「秘事」について語り始めたが、この手の「私しか知らない」式の挿話の類は、ああそうですか、という感想の域を出るものではない。私自身もこの十一月に新潮文庫から『写真集三島由紀夫'25～'70』を出し、その「あとがき」でその手のエピソードを書いたばかりの一人である。対象を失った時点で、いかに「私しか知らない」と力んでみても、それはそれ、ただそれだけのもので三島文学研究の資料といえるものではない。

しかし、なお私は三島さんについて、もう少し書いてみたいという欲求を抑えがたい。そこで三島由紀夫外伝（？）として、三島夫人瑤子さんについてふれてみたい。

昭和四十五（一九七〇）年、三島さんの死後、著作権使用について時折瑤子夫人にお目にかかることになった。夫人は誰にも常に快活にフランクに応対したが、七〇年代は「三島裁判」への対応、自決から七年目に起きた新右翼の経団連ビル籠城への説得（元「楯の会」会員が参加していた）、元会員の進退への配慮など、「三島事件」とよばれた一連の事態の処理に、時間的にも精神的にも追われていた。加えて三島作品の版権（海外を含む）、劇化・映画化などの煩瑣な事務をも、一身に引き受けていた。この時期の瑤子夫人の獅子奮迅の対応について、私は直接にほとんど知らないが、とかくジャーナリズムは、夫人を何かにつけて「クレームをつける人」として煙たがる向きがあった。ことし二十五年振りに復刊されたジョン・ネイスン氏の名著『三島由紀夫――ある評伝』の回収問題、写真誌創刊号に載った自決現場写真への抗議、版元との断交、日米合作映画「ＭＩＳＨＩＭＡ」の日本公開中止など、夫人の「ガードの固さ」は、つとに知られていた。

こうして夫人が守ろうとしたものは何だったのだろうか。三島さん自身は、進んでスキャンダラスに身を穢すことを楽しんでいた風があった。平成二（一九九〇）年十一月、没後二十年にあたるその日、親交のあった編集者、映画人、演劇関係者十人ほどが三島邸に集まった。そのとき夫人に、「もう二十年も経ったのですから、資料を公開し、もっと自由に使ってもらっていいのではないか」という主旨のことを言った。夫人はそれには答えなかった。その直後、ある文学展が企画され、夫人に三島文学コーナーへの出品要請があった。そこでは市ヶ谷での檄文原稿、決起の垂れ幕など、「三島事件」の資料が中心になっている（と夫人は判断した）ことに激怒した。「こういう風に三島が見られている内は、まだまだ御自由になんていえませんよ」

と夫人は電話口で声を震わせた。文学上の解釈以外の照明を当てられることを極力拒否し、そういうものに対する激しい抗議の姿勢は、終生崩さなかった。

三島さん没後の二十五年間、瑤子夫人がその死までどのように過されたか、私は無論知る由もないが、夫人がある時期熱中したただ一つのことについて記したい。

没後九年目、夫人はあるデパートの案内で、メタルビーズの講座が開かれることを知った。メタルビーズとは、ヨーロッパの古き良き時代、パリを中心とした社交界の貴婦人たちに愛好された、金属のビーズの装飾品である。現在ではフランスでもこれを作る人はほとんどいないという。一九七〇年代初め、パリ在住のアールデコ作家倉橋佳子氏が独力で研究を続け、その技術を復活させた。0.5ミリ～0.7ミリの金属のビーズを糸に通してゆくもので、おそろしく根気のいる作業である。夫人は倉橋氏の教室と研究室に通い、自宅でもその作業を続けた、という。夜、明りの下で一人細かい作業に打ちこむ夫人。「内職でもしているようで、娘たちはいやだったでしょうね」と苦笑した。瑤子夫人の作品は、師の作品と比べ、素人の私からみても、文様、色合いに大きな違いがある。日本の伝統的な文様を西欧の素材に上手く調和させ、淡く微妙な色調を出す師の作品に比べ、夫人のデザインはスフィンクス（父君杉山寧画伯得意の画題）などを大胆にとり入れ、色もショッキングピンク、エメラルドグリーンなど派手目の色が印象的である。その色彩感覚は、父君譲りのものである。『写真集三島由紀夫'25～'70』は、十年前瑤子夫人と共編したものの文庫版である。その最終ページの写真は、昭和四十五年最後の正月に、父梓、母倭文重をはじめ紋付きの三島さん、瑤子夫人、お子さん方の一族団欒のものであった。夫人はその写真についてだけは、別のものにして欲しいといわれ、三島夫妻とお子さん方四人だけのものに変更した。

平岡公威少年（本名）を中にして、祖母夏子と母倭文重の確執は、つとに知られ、三島由紀夫の人間形成に長く黒い影を曳いている。三島さん亡きあと、義母倭文重と瑤子夫人の間で、われわれ世間一般の嫁姑の確執を超えるものがあったかどうか、それは知る由もない。

三島由紀夫の〝定刻〟

三島さんは仰向けにひっくり返り、ソファーの角に頭をぶつけた。それでも例の呵々大笑をしながら、起き上がりざま、いたずらっ子のようにバスローブの前を合わせた。

昭和四十三（一九六八）年晩夏、「朱雀家の滅亡」を脱稿、その出版の打ち合わせに三島邸へ伺ったときのこと、三島さん四十二歳である。

その年の四月、三島さんは自衛隊に体験入隊し、千葉県習志野の空挺部隊へ入った。パラシュート降下訓練を受けるのが目的であったらしいが、万一頭を打ちつけてはとの懸念から、基礎訓練だけを受けたようだ。それでも十メートルほどの鉄塔から飛び降りた、という。その恐怖を、いかに不様なかたちでしか出来なかったかを実演していて、自宅のソファーに頭を打ちつけたのだ。

お宅へ伺うのは、大方午後一時と決まっていた。昼近くに起きてシャワーを浴び、三時近くには外出する、その合間の時間ということが多かった。さっぱりと鬚を剃り、バスローブから御自慢の胸毛をのぞかせ、顔をしかめながらピースをくゆらせる（アメリカの映画スターのように胸毛こそ男らしい、というのが当時の流行であった）。

徳岡孝夫氏の『五衰の人——三島由紀夫私記』は出色の三島論だが、その第一章の終わりで、庭でのインタビューの終わった徳岡氏に、「用意しておいたものを食べていって下さい」と鰻重を出し、御本人は早々に家の中に引っ込んでしまった、というエピソードを書いている。客だけに食事をさせるというのは、出入りの職人に対する扱いではないか、と「不愉快な思い」をさらりと書いている。

一回りも年が違う上に、文壇の仰ぎ見る存在であった三島さんから同様の扱いをうけても、私は何とも思わなかった。バスローブで人と会うというのはいかにも不細工だが、それとて氏の親近感の現れだと私は思っていた。社の上層部と伺うときは、さすがに三島さんにもそれなりの身仕舞いがあった。

一時の約束はぴったり一時でなければならぬ、というのが三島さん流で、電話で初めて日時を約束したとき、いつもの口癖で私が「それでは一時ころに伺います」というと、「ころは困ります、一時に」と釘をさされた。時間にルーズな私も、三島さん宅へは、十分くらいまえに門前に着くようにした。

三島さんは、御自身もきっちりと時間を守った。待ち合わせの定刻に遅れたことは、一度もない。時間厳守の作家は、概して原稿の遅れることもない。私たち編集者にとってありがたい作家で、中村真一郎さんとともに締切日厳守の人であった。

その三島さんが一度だけ遅れたところを見た。昭和四十五年十一月十七日、「谷崎潤一郎賞」の贈呈祝賀パーティーである。選考委員の半数近くが欠席という授賞式も近ごろは珍しくないが、当時は委員の大方は出席するものと決まっていた。

委員の着席順は、誰が指定するわけのものでもないが、おのずと文壇的な序列に従うもので、正面に向かって右方前列の中央寄りがもっとも「高い席」といっていい。そのときの「谷崎賞」では、中央寄り二番目の席に舟橋聖一、丹羽文雄の順で座っておられ、一番目の席は空いたままになっていた。

遅れて来た三島さんは、そこへ座るしかなかった。暗い疲れた表情（あとになってそう思ったのだが）の三島さんは、授賞式からパーティーに移ると、あっという間に会場を去った。三島さんを見た最後である。一週間後、市ヶ谷での割腹自殺が報じられた。

この二月、私は自身の装本を集めた『榛地和装本』（河出書房新社）をまとめ、それらの本にまつわる小文を付した。冒頭には、『英霊の聲』『サド侯爵夫人』『F104』『朱雀家の滅亡』という、三島さんの本について触れている。献本の礼状に編集の諸先輩方が自身の多くの思い出を書いて下さったが、中に三島さんに触れたものは、ひとつもなかった。

文藝春秋の元専務、西永達夫さんは私も散々「痛い目」に合わされた辣腕の文芸編集者だが、その礼状の終わりに次のような一節があった。

「（正宗）白鳥さんがポツンと座っている姿が印象的、あるとき『明治天皇と日露大戦争』を観たいというので、お連れしたところ、シートの上に正座して最後まで御覧になっていたのを思い出しました」

怜悧なニヒリストといわれた正宗さんの意外な一面を見た思いがした。例えば、同じ映画を正座して観る老年の三島さんは想像しにくいが、そうあっても欲しかった、という想いは残る。

「英霊の聲」の声

昨年（平成十六年）十二月から今年三月にかけて、銀座の紙百科ギャラリーで、「臼田捷治の魅せられたブックデザイン」展が開かれた。デザイン評論家として活躍中の臼田氏が〝魅せられた〟ブックデザイン史上の秀作を、架蔵本から展示するという試みで、今では到底実現不可能な造本技術を駆使した逸品が並べられ、まさに壮観、贅沢な本の饗宴であった。ガブリエレ・ダンヌンツィオ著、三島由紀夫・池田弘太郎共訳『聖セバスチァンの殉教』（装本＝雲野良平）なども出品され注目を集めた。

その記念トークショーで、今年一月に臼田氏と話をした。私に与えられた演題は「編集者と装幀」で、一時間半ほど編集者の立場から本の話をした。会場には編集、ブックデザインを志す若い人たちが多く、行き当たりばったりの私の話に熱心に耳を傾けてくれた。やがて定刻を過ぎて臼田さんが「何か質問を」と話を向けると、少し間があって、若い女性が立ち上がった。

――三島由紀夫は、なぜ死んだのですか。

とっさに私は何と答えたのか。きっと取り留めない答えに終始し、お茶を濁したに違いない。編集、ブックデザインの話をしたあとに、三島由紀夫の死について質問されるとは全く予想もしなかったことで当惑したが、考えてみれば質問した人にとって一概に謂れ無い質問とはいえなかった。

私は話の中で、数々の戦後文学者に触れた。その中のまさしく一人として三島由紀夫「英霊の聲」を担当したときのエピソードを話した。単行本『英霊の聲』の成り立ち、装本の話にかなりの時間を割いたことは事実である。しかしなぜ唯一の質問が「三島の死」になるのか。

平成二（一九九〇）年、『群像日本の作家　三島由紀夫』の巻頭エッセイ「死後二十年・私的回想」で秋山駿氏は大学での教員体験を踏まえて、「若者たちは埴谷雄高から大江健三郎にいたる、広い意味での戦後文学がポッカリと抜け落ちている」と嘆いている（この「私的回想」は三島論として秀抜、とくにその人間味溢れる三島の行動を描くところは感動的である）。十五年前、すでにこういう状況であってみれば、現在はその「抜け落ち」状態がより進行しているとみてよい。三島と同世代の武田泰淳も椎名麟三も、梅崎春生も若い世代にはまったく見えていない。三島由紀夫ひとりが「死後成長する作家」として、この三十五年を生きのびた。なぜか。私は質問者に答えながらこのことを考えてもいた。「仮面の告白」「金閣寺」「潮騒」「春の雪」など、多くの読者をもつ三島文学の主要作品と比べて、「英霊の聲」はこの若い読者にどう映っているのだろうか。「英霊の聲」に若者は確実に「死」の臭いを嗅ぎ付けているのか。

「英霊の聲」は昭和四十一（一九六六）年六月の「文藝」に掲載された。前の年、「サド侯爵夫人」の単行本を担当した私は、早速「英霊の聲」の単行本化をお願いに上がった。通常こうした中短篇を纏めるときには、次々に作品を雑誌に発表してもらい、それを一冊にということになるのだが、「流行《はやり》」の作家の場合には、まずその一作を他社からの短篇集に収めないでほしい、というお願いに上がるその心づもりであった。

私が三島邸にうかがうのは、通常、昼の一時（ころではなく、きっちり一時）である。前夜遅く、あるいは夜明け近くまで仕事をした三島さんは、ちょうどそのころが寝起きごろで、シャワーを浴び、バスローブのままであったり、上半身見事な裸であったりした。一時きっちり時間厳守というのも三島流で、御自身も待ち合わせに遅れるということはなかった。約束した原稿も必ず締切日に遅れることはない。ただしこの「約束」をとりつけることは容易でない。訪問中の小一時間の内にも何本かの電話が掛かってくるが、その九九・九パーセントは慇懃に、けんもほろろに断わられる。依頼の大半は同業の編集者であり、私としてはひどく居心地が悪い。

「英霊の聲」を一冊に纏めたいと申し入れると、意外にも三島さんは待っていたといわんばかりに、ある案を示した。

自分としては小説として、この種のものを書き続けるつもりはない。「二・二六事件」三部作というような形で「直ぐに本に」出来ないだろうか。先行作といってもよい戯曲「十日の菊」、小説「憂国」、それと戯曲「若人よ蘇れ」、評論「林房雄論」を併せて一巻に、というのが提案である。すべて収めるとかなりの分量になる。帰社して上司の坂本一亀氏（『仮面の告白』の編集担当者）に諮り、五作の内「若人よ蘇れ」「林房雄論」を外し、「英霊の聲」「十日の菊」「憂国」の三作とし、他に書き下ろしエッセイ（「あとがき」ではなく）を付すということにした。『サド侯爵夫人』の時は、芝居の上演に合わせるということもあって、かなり短期間に単行本化したが、この「英霊の聲」を「直ぐに本に出来ないか」という三島さんの真意を直ぐには測りかねた。これは後に知ったことだが、三島さんは連載が終ると「直ぐに本に」する人、したい人であった。またそのための「準備」をする人でもあった。

昭和三十年代、三島さんは実に十三篇の長篇小説と戯曲『鹿鳴館』を出版している。『沈める滝』（昭和三十年)、『金閣寺』(昭和三十一年)から『絹と明察』(昭和三十九年)まで(書き下ろしの長篇小説『鏡子の家』『午後の曳航』の二篇を除いて)、長篇小説十一篇はみな雑誌連載の終った月に単行本を刊行している。『金閣寺』は「新潮」昭和三十一年一月号から十月号まで連載され、同年十月に刊行されるという具合である。文芸雑誌の月号表記は実際には前月七日に刊行されるから、厳密にいうと連載終了の翌月刊行ということになる。これは偶々そうなったのではない。

一つには『金閣寺』『永すぎた春』『美徳のよろめき』などベストセラー作家三島由紀夫の作品をいち早く刊行したいという出版社の強い意向がある。しかし通常連載物は、完結時に雑誌掲載分を編集者が貼り付けたものに、作者が削除、訂正、書き入れをしたものを入稿原稿とするものだが、いかに出版社がスピードアップしたとて実質一カ月でその作業すべてを終えることはできない。おそらくこの時期、連載開始の時点で全体の原稿はほぼ出来上っていたにちがいない。ただ文芸誌以外の雑誌に連載した「肉体の学校」(昭和三十九年)のようなエンターテイメントは月次に執筆されたようで、同作品は昭和三十八年一月号から十二月号まで連載され、翌年二月に刊行されている。

また三島さんは単行本化に際して著者校ゲラを全く見ない珍しい作家で、それでいて「ぼくの本には誤植が多い」とボヤいてもいた。

三島さんは「せっかち」な人でもあった。

三島さんの具体案をいただいた翌々日かに三島邸を訪ねると、三島さんは「書き下ろしのエッセイって、何を書けばいいんですか」と顔を曇らせた。

——などてすめろぎは人間《ひと》となりたまいし——正直にいって、その当時も今も「英霊の聲」は私には分りにくい作品であった。「聖性」を発揮されるべきときに「人間」としての決断をした天皇の「裏切り」を呪詛する「私」——後にも先にもこんなに生々しく作者が顔を出す三島作品はない、と思いつつも作品の真の狙いは、別にあるのかと思ったりもした。

それならいっそ、「私」＝三島由紀夫が、天皇制について、国体論について五十枚書いてほしいとお願いした。三島さんは「国体論ねえ」と一瞬渋い表情になったが、一週間待ってほしいと言った。後年「文化防衛論」に結実した文化天皇制と国家体制にまで論鋒は至らなかったが、一週間後、三十枚近い論考「二・二六事件と私」を手渡された。当時の私はこの三十枚にみたない原稿が、三島由紀夫の痛々しいまでに純粋な思考を辿る上でのターニング・ポイントとなる重要なものであることを知る由もなかった。

昭和四十五年十一月、池袋のデパートで「三島由紀夫展」が開催された。会期半ばころ何かのお願いごとがあり電話をした。もう会場へは出向かれないのですかと私が訊ねると、ええ、もう行きません、とにべもない返答のあと、「三島って、あんなチビなのかといわれるのがオチだからね」と言った。私はついうっかりと、それもそうですねと調子を合わせた。三島さんは「キミにいわれるんじゃ仕方ないか」と例の呵々大笑をした。常の三島さんは私のような年少者に対しても「さん」づけで、おそらく「キミ」と呼ばれたのは、これが最初で最後であった、と思う。

「キミにいわれるんじゃ仕方ないか」というのは、「死体検案書」で初めて知ったのだが、三島さんの身長一六二センチと、私がまったく同じであったからにほかならない。

「幕切れ」のせりふ

劇作家としての三島由紀夫は、幕切れの科白を思いついたところから戯曲の筆を起こすのだ、と言ってちょっと誇る風を見せることがあった。小説以上に構成的であるべき戯曲が、幕切れの科白さえ決まってくれば書き始められるというものでないことはいうまでもない。「朱雀家の滅亡」の幕切れの科白「どうして私が滅びることができる。夙《と》うのむかしに滅んでいる私が」という名科白に感心した体の私に三島さんは誇りかに言った。

いつのころからか私はなぜか、「サド侯爵夫人」の最終幕の科白は、侯爵夫人ルネの「アルフォンス（サド）は私だったのです」と、永いこと思いこんでいた。

このルネ夫人の科白は、実際には第二幕の幕切れのもので、終幕の科白は同じくルネ夫人の「侯爵夫人はもう決してお目にかかることはありますまい」である。

なぜこういう錯誤を私は起こしてしまったのか。

私は昭和四十（一九六五）年十一月の紀伊國屋ホールでの初演と、平成十五（二〇〇三）年五月、新国立劇場小劇場での鐘下辰男氏演出のものしか観ていないが、芝居通とはとてもいえない私が、再演を観るということはほとんどない。二度まで観ていながら、幕切れの科白を取り違えるとは、いったいどうしたことか。

どうもこれは、河出書房新社版『サド侯爵夫人』（昭和四十年十一月）の澁澤龍彥氏の序文「サド侯爵の真の顔」に由るらしい。澁澤氏の『サド侯爵の生涯』（昭和三十九年九月）に拠って、三島さんがこの劇の想を得たことは、その副題として明記したことによっても明らかである。それまで「サド侯爵」とは何ものであるのか、を知るための拠るべき本はなかった。本邦初のサド伝である。

三島由紀夫のサドへの関心は、かなり早い時期から兆していたと思われる。「『仮面の告白』はサドを読まないうちから、すでに氏がサド的世界に住んでいたことの証拠を示すものであろう」という澁澤氏の指摘はさすがに確かなものである。

『サド侯爵の生涯』は、さまざまの顔をもつサド侯爵を、イノサンス（無垢）の人としてとらえている。女の裸を鞭打ちながら、残酷さとやさしさとが交換可能なものであることを知っていた人、およそ頽廃とは無縁であった人、最も男らしい男として、イノサンスとモンストリュオジテ（怪物性）の人として描かれている。

三島由紀夫は『サド侯爵の生涯』に強く惹かれたが、最も深い関心をもったのはサド侯爵夫人ルネである。澁澤氏とは対蹠的な視点である。

「サド侯爵夫人があれほど貞節を貫き、獄中の良人に終始一貫尽していながら、なぜサドが、老年に及んではじめて自由の身になると、とたんに別れてしまうのか、という謎であった」（『サド侯爵夫人』跋）

三島由紀夫はその「謎解き」のために、ルネ夫人、その母モントルイユ夫人、妹アンヌの歴史上実在の人物に加え、シミアーヌ夫人、サン・フォン夫人、召使いシャルロットの三人を仮構し、都合六人の女たちによる「サド像」を構築しようと試みた。

日本の新劇にはその草創期から、〝赤毛物〟といわれる翻訳劇がある。三島由紀夫が西洋人、それも女性ばかりの芝居を創作したには、満々たる自信、とは程遠い不安があったのではなかろうか。その年の芸術祭賞演劇部門で受賞したときの三島さんの小躍りするような喜びの表情が忘れられない。芸術祭賞は今も昔もさしたるものとはいえない。あまつさえ賞は戯曲に対して与えられるものではなく、演劇に対してのものでもあった。

昭和四十年十一月二十五日（！）、私は新宿紀伊國屋ホールでの初演の幕間に、出来たての単行本『サド侯爵夫人』の即売サイン会のために、営業部のスタッフともども出掛けた。幕間十五分くらいの間、あの人でごったがえすロビーに本を並べ、三島さんに坐ってもらった。即売サイン会をすれば、人は引きも切らず押しよせ、本はたちまち完売になるはず、と私は（おそらく三島さんも）考えた。

しかし実際には十五、六冊しか売れなかった。手持ち無沙汰の三島さんは、だんだんと眉根を寄せ不機嫌に落ちこんでいった。ちょうど間が空いたとき、文芸評論家で演劇通の山本健吉さんが通りかかり、「三島さん、良い芝居だね、もっとキミも芝居を書きなさいよ」という意味の励ましを言うと、三島さんはやおら右手を差し出し、「オ・カ・ネ」と言った。芝居を書いて、生活が成り立ちますか？　三島さんは例の呵々大笑で、この場は一瞬和んだが、何とも気づまりな内に開演のベルに救われた。

三島さんは、よほどこの体験が気に触ったとみえて、翌昭和四十一年新年号の「風景」の「日記」欄に、この日のことを書いている。

「わづか十五分の幕間といひながら、本は十二、三冊しか売れない。芝居の大入りと本の売れ行きとは、必ずしも一致しない。サイン会で来ない客を待つてポカンとしてゐる作家の顔ほど、阿呆な顔があるだらうか」

新年号は、前年の内に出るものだから、四十年十一月二十九日の楽日の直後に、怒りにまかせて執筆されたのであろう。

三島さんは後に、「新劇を観に来る客はチケット代と、せいぜいがラーメンを食べるくらいの金しかもっていないんだよね」と、傷つけられたプライドを自ら鎮めるように言った。それは「風景」の「日記」を読んでいるだろう私への慰めでもあったのだろう。

歌舞伎座でサイン会をしたら、客は引きも切らず、というわけにもゆくまい、と当時の私はかなり不満顔であった。

戯曲を単行本化するのはかなり難しい時代（今はもっとキビしいか）、文芸誌でさえ戯曲が掲載されるのは数えるほどしかなかった。著名作家、評論家（たとえば中村光夫、花田清輝）の新作戯曲ではなく、妙な言い方だが劇作家の戯曲が文芸誌に載るのは、「群像」の木下順二氏くらいのものであった（今では「すばる」の井上ひさしさん）。三島さんは大の木下順二嫌い（というより意識的に標的としていたのか）で、「あんなにセリフの書けない人は珍しいな」と悪口を叩いて私を驚かせた。新劇の劇的なクライマックスはあくまで対話（セリフ）であるべきだ、とする三島さんらしい指弾である。

サイン会が引きも切らず、でなかったのは、いまひとつ「ミシマ」人気の一時的な停滞期ということもあったと思う。ライフ・ワーク「豊饒の海」の執筆に没頭する三島さんに、往時の「金閣寺」「美徳のよろめき」「潮騒」のように、ジャーナリズム（当時は文芸ジャーナリズムとジャーナリズムが直結している部分がかなりあった）を賑わす作品もなかった。

そのサイン会のあった十一月二十五日の幕が下りて、カーテン・コールに三島さんが登場した。近頃の芝居では、カーテン・コールに作者が登場することは少なくなった。

第三幕、終幕、召使いのシャルロットが、十九年ぶりのサド侯爵の帰館を伝える。一同沈黙のあと、ルネ夫人は、「お帰ししておくれ。そうして、こう申し上げて。「侯爵夫人はもう決してお目にかかることはありますまい」と」で幕となる。

この場面、シャルロットは舞台上手（観客席から舞台に向かって右方）から登場して、あたかも侯爵は右手に待機しているように観客は思う。終幕の幕が下り、カーテン・コールで登場した三島さんは下手（左方）から現われた。

少し後の日に、当夜の話になったとき、三島さんになぜ「上手」から登場されなかったのですか、と訊ねた。三島さんは妙なことをいう人だなあと言いたげに私を一瞥し、それには答えず、例の「ラーメン云々」の話になってしまった（上手から作者が登場してはいけないものか、演劇評論家の大笹吉雄さんに教えを乞うと、一概に決りはないとのこと。音楽会では指揮者、独奏者は、必ず下手から出入りするようだが。大笹さんによれば、飯沢匡氏は、作者として必ずカーテン・コールに立たれたとのことである）。

私の頭の中には、澁澤氏の序文の終り、「作者は「サド侯爵は私である」と言うつもりであったのかもしれない」の一句が強く印象づけられていた。終幕のルネ夫人の科白が「アルフォンス（サド）は私だったのです」と永く勘違いしていたのは、そうした私の思い入れにほかならない。

三島戯曲四十七篇の内、もっとも多く上演されるのは、この「サド侯爵夫人」と「近代能楽集」「鹿鳴館」

である（「朱雀家の滅亡」の上演が少ないのは残念）。「サド」は国内でくりかえし上演されるだけでなく、世界各地（メキシコ、アメリカ、ベルギー、フィンランド、ドイツ、フランス）で上演された。とりわけ三島没後、ベルギーでフランスの作家マンディアルグの仏語訳によるルノー／バロー劇団の上演、イングマール・ベルイマン演出によるストックホルムのスウェーデン国立劇場での上演は、国際的な注目を集めた。

また国際演劇評論家協会・日本センター編集委員会編集のアンケート「戦後戯曲の五十年」のベスト・ワンに「サド侯爵夫人」はランクされた。

昭和四十九年一月、文芸誌「群像」が行ったアンケート集計「批評家33氏による戦後文学10選」で、三島さんは「金閣寺」をもってしても、そのベスト・ワンを大岡昇平「野火」、埴谷雄高「死霊」に譲らざるを得なかった。死後とはいえ、三島さんにとって「戦後最高の戯曲」の栄誉は、何より誇らしいものにちがいない。

「素面《すめん》」の「告白」

〝おしゃべり〟である。

三島さんが饒舌の人であったなどということを知る人はいまや少なくなったが、三島さんの〝おしゃべり〟は一種独特のものである。

〝おしゃべり〟にもいろいろとタイプがある。

私の知るかぎり、もう一方の〝おしゃべり〟の雄は、司馬遼太郎氏である。司馬さんは御自身も縦横無尽に語り、二時間くらいの面会時間はあっという間に過ぎてしまう。駈け出しの私のような編集者にも、辞去するときには充実した時間をすごした、という満足感を与える人である。

「ああ、そぉーかぁ」「そや、そや、そやなあ」などと、こちらの他愛ない話にも絶妙のタイミングで相槌を打ち、話を盛り上げる。

司馬さんの〝おしゃべり〟は、話し上手と聞き上手が兼ね備わっている。

といっても常に当り障りのない話に終始するということではない。ある日「文士の風貌」という風な話になったとき、文士の顔というものは、年をとればそれなりに成熟するものだが、「舟橋（聖一）さんは違いますなあ」などとこちらの答えようのないことをさらりと言う。

一方、三島さんはとにかく対面中、ピースの両切りを吸い込み、はき出すだけの「間」があるが、あとは一人でひたすら「しゃべる」、「しゃべる」。

話は主に文学の話、といってもわれわれ編集者の〝為になる〟文壇の生々しい話はほとんどしない。この点についてどう思うか、というような質問を発することもあまりない。ただひたすら「ブンガク」論。

対談の名手というのは、話し上手の上に聞き上手。この双方を兼ねる人は、少し前には吉行淳之介氏、当代では丸谷才一氏ということになろうか。

丸谷さんはつとに知られる大音声の〝おしゃべり〟だが、日常の会話では決して一方的に話しまくる、ということをしない。丸谷さんの対談の好伴侶、山崎正和氏との対談は十年ほど前、優に一〇〇回を超えたという。日本文壇史上の快事（？）といっていい。

山崎さんは日常の会話では、相手を思いやり話を盛り上げるタイプの「社交家」だが、一朝、対談となると話柄は東西古今、過去現在未来にわたり、守備範囲の広い、堂々とした論陣を「優雅」に張る論客に変貌する。その山崎さんを相客に、丸谷さんは話を上手く引き出しながら、対談を一場の劇になるように盛り上げ、見せ場をつくる。

昭和四十三（一九六八）年八月号の「文藝」で山崎氏と石原慎太郎氏の対談「現代における劇とはなにか」を企画したことがある。たまたま私は傍聴したのだが、初対面の二人が挨拶もそこそこに話を始めると、たちまち山崎ペースとなり、一時間半くらいの対談の内、八割方は山崎さんの話に終始した。対談の全体の印象をいえば、山崎さん流の論理に石原さんは完全に「制圧」されてしまったように思えた。

速記が出来上って届けたとき、石原さんには申しわけないことをしたような思いで、何とか発言を補ってほしいとお願いした。二、三日して戻されたゲラには、発言の何倍かの書き入れがあり、「対談」というより「筆談」の趣きを呈していた。しかしその書き入れは、実にフェアーなもので石原さんらしい誠実さの現われたものであった。またそれに対する山崎氏の対応も苦情ひとつなく、「対談」に自然の流れをつくってくれた。石原氏のゲラの余白には、珍しく私信があり、「あれだけ攻め込まれても、むしろ清々しい思いさえした」と書かれていた。この「対談」はその年末の「文学ベスト・スリー」にも選ばれ、「筆談」としては異例の注目を集めたのは、うれしかった。

この対談集（『源泉の感情』河出文庫）の面白さは、三島氏のブッキッシュな該博な知識の展開と、決して聴き上手とはいえない三島さんの特徴が、はっきりと出ているところにある。前半部「美のかたち――『金閣寺』をめぐって」（小林秀雄）から「文学は空虚か」（武田泰淳）までの八つの対談は、小林秀雄、舟橋聖一などの年長者を含むといえども、文学者同士の対話であり、三島さんの論理の飛躍も話芸の妙も、いかんなく発揮されている。

しかし後半部「日本の藝術」に至っては、対談の相手はすべて斯界の名人上手であって、三島さんの得手とはいえぬ聴き手に徹しなければならず、三島さんの苦心惨憺ぶりは、その場にいずともハラハラする体のものである。単行本の「あとがき」で、これには「参った」と率直に認めている。

日本の伝統芸能について、三島さんには自他ともに認める深く長い知識がある。とくに歌舞伎、能については特段の蘊蓄を傾けて、坂東三津五郎（七代）、喜多六平太両氏から興味深い話を引き出している。それでもわれわれ世代に馴染みの「簑助さん」の〝乗り〟は弱いといわなければならない。

そして後半部、浄瑠璃の豊竹山城少掾との話になると、三島さんの質問はまことに他愛ない間の抜けたものにさえなる。

三島　お若いころの失敗談かなにか。

山城　私は子供のときから、こんな世界に入っておりますけれども、浮いたとか、面白いとかいう話がいささかもございませんので、ごく不粋な男でして……。

三島　しかし、ずいぶんお騒がれになったという話で、そんなことでもあれば一つ……。

山城　ありそうなもんなんだけど、ありませんな。

呆然として立ち竦む三島さんの姿がありありとみてとれる。名人上手というものは、「言葉で表現する必要のない或るきわめて重大な事柄に関わり合い、そのために研鑽しているという名人の自負こそ、名人をして名人たらしめるものだが、そういう人に論理的なわかりやすさなどを期待してはいけないのである」(「あとがき」)と白旗を掲げている。山城少掾との対談で、三島さんは冷汗を流して格闘した揚句、軽い脳貧血を起こしたという(この連載対談が実現したのは、当時の三島由紀夫の「盛名」によるが、「群像」編集部の松本道子さんの強力な輔佐がなければ成り立たなかったかもしれない)。

この「日本の藝術」六人の名人上手との対話に、三島さんは渾身の力をこめ、記録として貴重なものを残したが、いまひとつ興味を唆るのは三島さんの口跡、言語体験を知る上での貴重な資料ということである。三島さんの日常会話は、いわゆる東京山の手言葉というやつで「標準語」といわれるものに近い。三島さんは祖母夏子から「江戸の旗本伝来の伝法な口のきき方」を、祖父定太郎から「明治風の誇張したレトリック」を習ったという。「幼時から、人を見て言葉遣いを瞬時に変える訓練を受けていたから、学習院へ入って、あの極端な言葉遣いの二重性格をわがものとするのはわけもなかった」(「あとがき」)。

そうした三島さんの「変化《へんげ》」の話法も、山城少掾を相手にすると次のようになる。

三島さんが「道明寺」の素浄瑠璃《すじょうるり》について、「あれはやっぱり、素で伺うとよろしゅうございますね」と問いかけると、山城少掾は、「まあ、覚寿がいちばんやりにくいですからね、覚寿がよくないと、『道明寺』はひったちませんからね」と答えている。三島さんの山の手流標準語(人工言語)に対し、山城少掾の言語は肉体をもって活きいきとした口跡があり、なんとも魅力的である。

「日本の藝術」は原本『源泉の感情』の三分の一を占めるにすぎず、三分の二は文学者との対談である。冒頭三分の二の部分では、三島さんは闊達に縦横に「おしゃべり」を楽しんでいる。それだけ三島さんの「素面《すめん》」が随所にあられもなく顔を覗かせている(「日本の藝術」での「素面」の格闘とはくらべようもないが)。

しかし文学者同士の対話でも、巻頭の小林秀雄との「美のかたち」はやや異例のものである。

小林秀雄は、『金閣寺』について対談劈頭、「あれは小説っていうよりむしろ抒情詩だな」と三島さんの度胆を抜く。『金閣寺』は、寺を「なぜ焼くか」という動機小説であるが、本来小説は焼いてからを書くことから始まるものである。また『金閣寺』の登場人物はすべて主人公のコンフェッション(告白)から生み出された人間であり、そこにドラマは成立し得ない、抒情詩という由縁である——と小林秀雄は断言する。

この評価に三島さんは激しく震撼したはずであり、以降の対話は小林秀雄の独壇場となる。三島さんは横光利一を出し、武田泰淳、堀田善衞などを話題にのせるが、小林はけんもほろろにその話には乗ってこない。

『源泉の感情』は三島さんの思いがけない衝撃を起点として編成された一見奇妙な対談集である。いかに小林秀雄とはいえ、自信作の完全否定を巻頭に据えたのはなぜだろうか。

しかし、安部公房、福田恆存、武田泰淳との対談では、三島さんは芸を尽して「素面」の「告白」をしている。われわれ後代の読者は、ともすると三島由紀夫の著作の中に、「ミシマ」の死を嗅ぎとろうとそれだけに躍起になる。そんなことは容易なことだ、「金閣寺」「近代能楽集」二作をよめば事足りる。そして作品以上に三島由紀夫の肉声を集めた「源泉の感情」（ゲーテ）にそれを求めるのは愚かなことである。「おれ」（と三島さんが言うのは珍しい）と「おれ」（安部公房）の対談「二十世紀の文学」の次の発言に、三島の死の詮索の埒外にある重い心からの独白があるではないか。

三島　おれの言っていることで、どうしても理解してもらえないところはね、やはり伝統の問題だけれどもね、僕が頂上から頂上へ伝承されるということは、そういうふうなことを言っているのではないのだよ。つまり「行為者の伝統」ということを言っているのだ。「行動家の伝統」ということを言っているのだ。個体が行動して行動する。その行動の軌跡は、そのときそのときに消えちゃって、そうして最後の一点だけが残る。その最後の一点だけが伝承されるということを言っているのだ。

『源泉の感情』初版本は、昭和四十五（一九七〇）年十月三十日、死の一カ月前に刊行された。いま備前の陶芸家として知られる石野泰造さんが企画編集したもので、三島由紀夫最後の本となった。

本文庫版では、十九篇の対話の内、十三篇を選び左の六篇は割愛した。

「現代作家はかく考える」（大江健三郎）、「新人の季節」（石原慎太郎）、「ファシストか革命か」（大島渚）、「劇作家のみたニッポン」（テネシー・ウィリアムズ）、「歌舞伎滅亡論是非」（福田恆存）、「捨身飼虎」（千宗室）。そして新規に、武田泰淳との最後の対談「文学は空虚か」（「文藝」昭和四十五年十一月号）を収録した。

武田さんは三島由紀夫を、ほとんど抱擁するように語りかけ、受け入れている。

不器用な人

追悼・坂本一亀

昨年（平成十四年）十月二十五日、坂本一亀氏を偲ぶ会が敬子夫人、子息坂本龍一さんによって開かれた。坂本さん（編集者として私には師匠筋にあたる人だが、この呼び方がぴったりとくる）は、前月二十八日に亡くなられたが、その葬儀は親族のみの密葬であり、あまつさえ坂本龍一さんが、ヨーロッパ・ツアー中で参列することができなかったこともあって、生前親しかった人たちがお招きをうけての偲ぶ会となった。

「生前親しかった人たち」と書いて、あらためて坂本さんとほんとうに親しかった人のほとんどが、すでに亡くなられてしまったのだ、という思いを深くする。埴谷雄高、平野謙、野間宏、椎名麟三、武田泰淳、中村真一郎、三島由紀夫、島尾敏雄、井上光晴、高橋和巳など、坂本さんが敬愛し、創作を通じて同じ時代を生きた人たちはすでに亡くなられて十年、二十年、三十年以上の歳月が経つ。当日会場に参加した作家の内「生前親し」く仕事をしたのは、小田実、黒井千次、山田稔、福田紀一氏をはじめ数名の方で、やはり私は淋しい思いをした。

坂本さんについて書くとなると何から書き始めたらよいのか戸惑う。この戸惑いは、現役時代（河出書房時代）の坂本さんが、ほとんど私たちの前に顔を見せない、ということに由来する。私が入社した昭和三十六（一九六一）年、坂本さんは「文藝」復刊の準備のため著者廻りを盛んにし、出社するのは午後三時ころ。夕方六時を過ぎると執筆者との打合せ（多く酒場での）と称し出掛けてしまう。お宅へ帰るのはほとんど深更（らしい）。何か仕事の上での質問にも「うん」「だめだ」の二言で、それ以上話の接穂がない。坂本さんに言われたことで記憶に残っている言葉のほとんどが、会社での話ではなく酒場での（それもかなり泥酔しての）ものである。

ある週刊誌の坂本さんの追悼記事の取材で、私が話したとされる「編集者は一日二十五時間を仕事と思え、プライベートの時間なんてないんだ。――文芸雑誌だけを読んでいてはダメだ、芸術全般に目を向けよ」などというのも酒場での垂訓の一つである。坂本さんはその上に「商業雑誌ばかり読んでいてはダメだ、同人雑誌を読むんだ」と叱咤激励する。雑誌編集者とちがい私のような書籍編集者には机上の作業に費やす時間が多く、月々の文芸雑誌を読むのが精一杯で、とても同人雑誌までは読みきれない。坂本さんはそんなことは百も承知で、若い編集者にハードルを高く置くことを望んでいたのだろう。しかし二十代半ばの当の私には、坂本一亀は「無理難題を言う人」としての印象だけが強かった。

坂本さんの「顔」が見えないのは、会社だけのことではない。最晩年の敬子夫人とのプライベートな写真を除くと、坂本さんの写真は信じられないくらい少ない。会社で気軽にカメラを向けられる雰囲気を漂わせていない、ということもあるが、まずいわゆる文壇パーティーの類などにもほとんど出ない。こういう席でのスナップ（作家と一緒にいると写される）が編集者には多いものだが、この手のものも少ない。自社主催のパーティーでも、会場入口近くの末席の円卓に直立の体で立ち、挨拶に来る人には会社では見せない人懐っこい笑顔を向けるが、自分から会場を周回し、列席のしかるべき方に挨拶するなどということは、まずしない。水割りをまずそうに呑んでいる。煙草を吹かす。腕組みをする。

敏腕の編集者というものは、こういう席を仕事場と考えて、顔をつなぐのも重要な仕事の一つであるが、こうした席での坂本さんは、いかにも居心地の悪そうな「不器用な人」としての印象が強い。

しかしパーティー嫌いの坂本さんの御蔭で、大いなる恩恵に浴したこともたびたびある。出席しない（したくない）パーティーには、誰か代理をあてる。昭和三十八年秋に開かれた「中野重治全集」完結のお祝いの会に、私は代理として出席した。この会は、坂本さんがぜひ出席したい会であった。しかし当日、私は行くように命じられた。会場は芝白金台の八芳園で、規模の大きな会であろうから、紛れこんでしまえばなんとかなると、高をくくって出掛けた。

私は会場の入口近くに立って絶句した。中野夫妻が出迎えに立っておられたのだ。さすがに無神経な私も事の異常さに気付きあわてた。何とご挨拶したのかまったく覚えていない。会は版元筑摩書房主催の会らしく、古田晁社長を始め、社の幹部（あとでそうと分った）の方々。列席者は三好達治、唐木順三、平野謙、堀田善衞氏（これもスピーチをされたので分った）、司会は本多秋五氏で、会の冒頭、本多さんは感きわまって絶句し（おそろしく長い沈黙！）、堀田善衞氏から活を入れられたりした。出席者は五十名にみたないごく内輪の会で、他社の編集者として招待されたのは、おそらく二、三名、あるいは坂本さん一人であったかもしれない。

私はほとんど誰が何を話されたのか、さっぱり分らぬほど緊張し、会が終って関西へ帰省する三好達治氏を東京駅まで送る羽目になった（どうしてそういうことになったのか、これも分らない）。ビールを飲みたいなと言う氏に相伴して列車内まで送り、電報を打ちたいと言う氏に、車掌を呼んでまいりますので、しばらくお待ちをという間に列車は走り出し、結局次の停車駅品川駅で降りた。三好さんに「東海道品川宿までのお見送り、ありがとう」といわれ、さすが一代の詩人は洒落たことを言うもんだと感心もし、このとき初めてほっとした。三好さんは翌年四月に亡くなられた。

もちろんこのことは坂本さんに伝えなかった。坂本さんにとって、こういう大切な会に入社二年目の若輩をさしむけたのは、今思うと常軌を逸しているとしか思えないが、当時の私が中野重治の熱狂的信者（そのことを坂本さんに話したことはない）であり、『斎藤茂吉ノオト』について書いた文章（目をつぶりたいような劣悪なもの）を河出朋久さん経由で読んでいたのかもしれない。

しかしこの時期、坂本さんは尊敬する作家の初めての全集の完結祝いにも出席できぬほどの逼迫した状況下にあったのかもしれない。昭和三十七年二月、河出孝雄社長、坂本一亀、宿願の「文藝」復刊を果したものの部数は低迷し、翌三十八年十一月には坂本さんは編集長を辞任している。辞任、というより正確にいえば「更迭」されたというのが正しい。この「更迭」はかなり以前から内示があったものかどうか、私には分らないが、この時期自らの任期の残り少ないことを考えつつ、最後の猛烈ぶりを日夜発揮しつつあったのだと思う。その成果の一つは最終号に載った井上光晴氏の「地の群れ」に結晶した。井上さんとは、白昼の社でも深夜の酒場でも、この作品をめぐって、殴り合い寸前の劇闘があった。のちに丸谷才一さんとは「笹まくら」をめぐって、私たちの面前での劇しい白昼の激論があって、私はびっくりした。

「更迭」されて安堵する人はいない。しかも竹田博さんを編集長とする次期「文芸」は、いわば坂本さんの宿願であった野間宏の「青年の環」をはじめ、中村真一郎、阿部知二の主力連載を降ろすところから出発した。しかし「更迭」した孝雄社長と坂本さんとは、私たちの想像を超える主従関係ともいえるもので紐帯されており、社長への坂本さんの尊敬は揺るぎのないものであった。孝雄社長の下で、わずかしか勤めることのなかった私からみると、坂本さんがこの「更迭」の恥辱を、次なる仕事（戦後第二次の書き下ろし長篇小説シリーズ）へ向けてのステップとしたことは、正直にいって分りにくいとしかいいようがない。坂本さんにとって社長の命令は絶対であり、「不服」が生じる余地のないものであった、と思う。孝雄社長と坂本さんには、男親と男の子といってもいい、酷似した血脈があったと思う。「人前に出ること嫌い」「内弁慶」「激しい出版人（編集者）として尊大ともみえるほどの自負」があった。座談の名手として知られた孝雄社長は、大の講演嫌い（下手）であった。私は新入社員のころ、生涯只一回（？）の講演を聞く機会があった。社長は原稿を棒読みするばかりで、あの躍動するような声調と会話の出し入れの妙は発揮されることがなかった。しかし昭和三十二年の倒産にふれて涙ぐみ絶句したとき、会場は一気に社長の気に呑まれたように粛然となった。この会場に坂本さんがいたかどうか、はっきりしないが、おそらく坂本さんは会場の最後列で号泣していた、と思う。――坂本さんはよく号泣する人でもあった。

坂本一亀の編集者としての業績を「文藝」の編集長として位置付けることは当然としても、私にはやはり三島由紀夫「仮面の告白」、野間宏「真空地帯」、椎名麟三「永遠なる序章」などを世に出した出版編集者としての実績が、より高く評価されていいと思う。この三作が若い日の坂本さんの目の前に天佑のように現れ、それを世に出したことは非凡だが、より坂本一亀の編集者としての凄みを感じさせるのは、二度の倒産をのりこえ、四十半ばを過ぎてから高橋和巳、小田実、丸谷才一、辻邦生らの作品を文学史上に残したことである（編集者が生涯二度にわたって新しい才能を掘り起こすことは至難の業であって、同じく河出の編集者だが寺田博さんはそれを「文藝」「海燕」でなしとげた）。また戦後、文学全集のはしりとして「現代日本小説大系」を世に送ったことも特筆に価すると思う。こういう企画に没頭するときの坂本さんは、想像するだに恐ろしい。決してスタッフとして働きたくないものだ。

近ごろはやや事情が変ってきたが、編集者は作家とちがい無名性に徹するものである。瀧田樗陰から花森安治まで、無名性を破った編集者は、その力量以上にパフォーマンスの力によるところが大きい。パフォーマンス嫌いの坂本さんが、戦後、無名性を破った初めての編集者として記録されるのは皮肉だが、それは「想像するだに恐ろしい」熱狂ぶりにあった、と思う。その執拗な集中心は「文学への熱情」などというものの埒外にあったものである。

「偲ぶ会」の席で配られた瀟洒な冊子に、子息の坂本龍一さんは家にいなかった父、怖くて話のできなかった父、高校時代まで一度も父の目を正視できなかった父、と書き、「父がほんとうにどういう人間だったのか、よく分らない」と書いている。この感傷的なまでの父への感情の吐露は、この「不幸」を生きた芸術家の言葉として、編集者坂本一亀への最良の讃歌といっていい。

後記——筑摩書房編集部・橋本靖雄氏を介して、「中野重治全集」の担当編集者・松下裕氏に確認したところ、全集完結を祝う会は、昭和三十九年三月に催されたとのことである。坂本さんのこの会に不参の理由を、昭和三十八年ゆえとした私の推量は根拠を失うことになる。松下氏によれば、当夜数十人の人が集まったが、こうした会を初めて仕切った松下氏は、お酒の量の按配が分らず会の後、酒豪の古田晁社長にひどく叱られた、という。

三好達治氏が亡くなられたのは翌年ではなく、翌月昭和三十九年四月であった。

「東京」の人

追悼・保昌正夫

昨年（平成十四年）十一月二十日、保昌正夫さんが亡くなられた。享年七十七。まだまだ早い、惜しまれる悔しい逝去の報であった。

私たち――小坂強、山内太郎、渡辺守利が初めて保昌さんにお目にかかったのは、昭和二十九（一九五四）年春のことで、その年私たちは早稲田の高等学院に入学した。保昌さんはその三年前から学院で教職に就いておられたが、私たちは直接教場で教えをうけることはなかった。入学した秋、河出朋久（前年入学）を中心に学院短歌会を起こし、ガリ刷りの小冊子「れんげ」を創刊した。保昌さんはその小さな芽に不思議とも思えるくらい熱烈な声援を送ってくれた。それは何よりも都筑省吾が指導する少年たちの集まりに対するエールであって、われわれの短歌のレベルとか質に対するものを超えていた、と思う。

保昌さんが書かれたもののなかで、もっとも多く登場するのは、もちろんのこと横光利一であるが、次いで多いのは浅見淵である。浅見さんについて、保昌さんは繰り返しくりかえし、その「学恩」と「酒席の恩」を書き連ねている。浅見さんは尾崎一雄とともに、都筑省吾の青年時代からの文学的盟友であり、高等学院での同僚でもあった。浅見さんは晩年歌をつくり、没後、都筑省吾の序文を冠して『浅見淵の歌』を刊行したが、この歌集は保昌さんの自費刊行本である。

当時の高等学院は、まことに毛色の変わった学校、としか言いようのないもので、およそ高校らしからぬフラッパーな風が漂い、私などはそれで救われ増長もし、思いきり羽根を伸ばした口だが、先生方も大いに変わっていた。院長樫山欽四郎、浅見淵、都筑省吾など錚々たる教師を別格としても、若手にも保昌さんをはじめ、のちに中世和歌文学の泰斗となられた井上宗雄、詩人で仏文学者の窪田般彌両先生の授業は、実に魅力に富み波瀾にもとんだものであった。文科系の先生方だけでもこれだけの人材を揃えていたのだから、私が知らない他のジャンルにも同様の逸材がいた、ということになるだろう。

年少の私たちからみても、実際に教えていただくうちに気づくことだが、この学校の先生方は、自由気儘にやっておられるな、という風がみえてきた。大学の附属高校ということで受験のための教育は必要ない、ということもあったが、窪田般彌さんの授業などはかなりユニークなもので、先生は二十分くらい遅れて入室し、二十分くらい話をするが、学生の気が乗らないな、とみるとさっさと退室してしまう（窪田先生も、ことし一月、七十七歳で逝去された。真の詩人であった）。

学院の文科系教師には、こうした自由気儘な先生方のいる一方、小路一光、井上宗雄両先生のように、きっちりと「教育」に徹する方もいて、私などにはいささか憂鬱な授業であったが、後年になってありがたい講義だということが身に染みて分った。

保昌さんは、もちろん浅見、都筑流の「教師像」にシンパシーを感じていたであろうが、私は教場での保昌さんを全く知らないので、この点については分らない。ただ学院から移られた武蔵野美術大学での教え子の話によれば、保昌さんは学園闘争の最中にも、きっちりと講壇に立ち、高橋和巳の「悲の器」から「わが解体」に話が及ぶと、声を詰まらせ涙を流しながら講義を続けた、という。一種、「熱血教官」風であったということになろうか。

保昌さんが学院から武蔵野美大、相模女子大、立正大学へと移られたことは、「教育者」の定点を失っていたという感を免れない。浅見淵へののめり込みが、保昌さんの文芸への理解と蘊蓄を深めたことはまちがいないが、その一方で教育者（研究者ではない）の定点そのものとのずれを生じさせた、といえるだろう。

「平《ひら》批評家」を自称した平野謙が、その文学理論の上で一目を置いたのは、中野重治と伊藤整だが、小説を読むという文学的眼力という点で、もっとも重んじていたのは浅見淵であったと思う。太宰治、梅崎春生、石原慎太郎、五木寛之などを発掘した人ということで私たちには仰ぎみる存在といえたが、その人にいま教室で教えてもらっているという幸せと緊張感があった。浅見淵の凄みをいちばんよく知っていたのは、平野謙であった。

浅見さんは、編集者になったばかりの私に、「純文学」にあってどういう作家が重要だと思うかね、と言われた。どんなに自分を鍛えても鍛えられないもの、得ることのできないもの、それはユーモアの感覚だよ、尾崎（一雄）だって、今日あるのはユーモアだよ、と言い木山捷平のユーモアを賞揚した。今日流行作家とはいえないが、かならず木山捷平の小説は時代を超えて読まれる、ユーモア感覚のある作家は、時代が変わっても生き続ける、と言った。私は謎をかけられたように黙りこみ、話の真の意味を理解できなかった。

一九六〇年代の文壇で、井伏鱒二は上質のユーモアをもつ作家として作家的存在感を押し上げたのではなく、「黒い雨」の作家として不動の地位を占めたのである。そういう文壇の中での浅見淵の忠告は、私などに分ろうはずもなかった。木山捷平の作品は没後三十年余を経て、編集長橋中雄二氏の強力なバックアップによって「講談社文芸文庫」に収められ、多くの読者に読みつがれている。

浅見淵はまた玄人好みの小説を大切にした人でもあった。保昌さんは浅見流の玄人好みの小説を、さらにいちだんと大切にした人であった。牧野信一、川崎長太郎、和田芳恵、野口冨士男、島村利正、結城信一らの小説にたいする耽溺ぶりは、保昌さんの文章にくりかえし顔をのぞかせる。陽のあたらぬ場所にいる作家であっても、すぐれた資質をもつ作家をかぎわける嗅覚は、浅見淵直伝のものであろう。

終生の研究テーマとなった横光利一について、保昌さんは晩年のエッセイで「可哀相な横光」という言い方をしている。「文学の神様」から「落ちた偶像」と化した横光を「可哀相」ととらえるのは、長い文学の流れの中でいえば、一時的な評価の低落に対する感傷であって、私はこれを読んだとき、もし横光が戦後もその盛名を維持したまま十年、二十年生きのびたとしたら（あまり意味のない仮定だが）はたして保昌正夫は全身全霊を賭して、横光研究に当ったであろうか、とあらぬことを考えてしまった。

保昌さんは、徹頭徹尾よくも悪しくも「東京」の人であって、地方人（田舎者）の膨張指向、新奇なるものへの希求を嫌った人であった。保昌さんがもっとも嫌ったのは「弁えのない」《わきま》（田舎者流）ということで、日常よくこの言葉を使った。○○は弁えのない男（女）という科白は、保昌さんの最高の侮蔑であり、拒否の姿勢であった。同じ東京人であっても私などは「弁えのない男」の最たるものだが、保昌さんには人の先頭を切って暴走すること、人を押しのけることは、結局時勢に対して媚を売ることに他ならない、という確固たる信念があり、しかし攻めこまれたときは、自説は絶対に枉《ま》げない、妥協しないというガンコさ、くせのある人でもあった。

また、文学史の上で「都市＝東京」の美を発見したのは、「東京人」ではなく「地方人＝田舎者」であったことを、保昌さんはよく知る人でもあった。「ほの白き夜霧の底にともる灯の夜霧を照らしともり連る」

の作者は、吉井勇ではなく、窪田空穂である。「夜霧」「街灯の連り」に美を感じるのは、「東京人」の感覚ではない。「銀座」の新しい美を発見したのは、地方人窪田空穂であった。

保昌さんの反俗志向、「弁えのある人」鑽仰は、浅見、都筑両先生を遡って、岩本素白、山内義雄両先生に行きつく。名訳詩家としての山内義雄先生の盛名を「陽のあたらぬ」人とするのはいかがかと思うが、エッセイストとしての山内義雄としたら、どうであろうか（『遠くにありて』を「文芸文庫」に推薦して実現したのは保昌さんの力による）。

昭和四十六年、河出書房新社から「日夏耿之介全集」を出すことになり、監修者として矢野峰人、山内義雄、吉田健一の三氏にお願いをした。矢野先生、吉田さんからは早速快諾をいただいたが、山内先生からは何の応答もない。再度電話でお願いをしたが、承諾していただけない。その何日か後に山内先生からお手紙をいただいた。その文面には「小生の日夏氏への敬仰と長年にわたる友情は別として、その全集監修者として名をつらねること、これはいささか僭越の思を禁じ得ず……文藝史家として第一級の矢野禾積、吉田精一氏をもって足れりとすべく単に友情につながる小生などの出る筋合でもないやうに思はれます」とあった。これは辞退の弁として、ほとんど意味をなしていない。私は山内先生のお手紙にも出てくる齋藤磯雄氏にお目にかかり、事情を説明し助勢をお願いした。齋藤さんは山内書翰を一読したあと、あの独特のけたたましい大笑いをして、「ともかく山内さんに君がお目にかかって、監修者の名前を、ゆっくり、はっきりと申し上げてみなさい」とだけ言われた。

その何日かあと、渋る山内先生を江戸川アパートにお訪ねした。煙草の灰だらけの先生の書斎で、私は監修者の名前を、ゆっくり、はっきりと申し上げた。——先生はハイライトの焦げた吸口のフィルターを咥えたまま、ちょっと照れくさそうに、お引き受けしましょう、と言われた。

何かの折りに、保昌さんにこの顚末を申し上げると、ほんとうにうれしそうに、感じ入った風に「山内さんだなあ、すごいなあ」と言い、一転顔を引き締めて、「あの方《かた》（もう一人の監修者）は弁えのない人、ダメよ、ダメよあの人は」と吃りがちに保昌さんは言った。

科白

追悼・大久保乙彦

残念ながら、深いおつきあいはない。しかし、大久保さんについて考えると、二つの場面を思い起こす。一つは酒場での大久保さん、一つは日本近代文学館の応接室で、「商談」をめぐらしていたときの大久保さん。大久保さんの、いちばん似合う場面、いちばん似合わない場面というわけだ。私はこの二つの場面に、強い印象をうけたことを思い起こす。

数年前、「新潮日本文学アルバム」の編集について、日本近代文学館の全面的な協力をお願いした。館所蔵の資料なくしては、この企画は成り立たない。企画の決定した直後に、私は大久保さんにお目にかかった。それまで対でお話ししたことはなかったと思う。協力をお願いしたあと、その経済的な条件について、私流の甚だ事務的な口調で申し上げた。

途端に、大久保さんは年少の私に対して、困惑と羞恥の入りまじった表情を示され、ほとんど狼狽といってよい対応をされた。それではこの件は又のちほどで、ということでお別れした。次回、お目にかかったときは、当時館の事務局次長の清水節男氏が同席され、明快に非常に事務的に、館の条件を示された。大久保さんはこの間、ほとんど羞恥と困惑の表情で目をしばたたいておられた。後にこの時の条件について、ある理事から異議も出されたという。事務局長というお立場上、私はこの件で大久保さんに御迷惑をかけた形になった。

大久保さんの家は東京築地で、うなぎの老舗「宮川」の斜向いである。私の実家は今は木挽町だが、震災前は「宮川」の隣にあったということで、大久保さんの斜向いに住まいしていたことになる。

仕事をするとき、金のことを絶対条件にするな、というのは、東京下町の職人の「美意識」とでもいうべきもので、私のおやじなどもこの手の人間であった。戦前の下町で帝国大学出身者は、日本橋、銀座、木挽町、新富町、明石町、築地を合わせても、一人いるかいないかの時勢に、大久保さんは京都大学を出られた。大久保さんと市井の一職人である私の父を、一口に言うのは非礼に当るが、私はこの交渉事を通して、「父」ならぬ「叔父貴」のような存在として、大久保さんを意識するようになった。一方で大久保さんに「交渉事」は似合わないな、という感じをもった。大久保さんは、そのことを自覚されているようでもあり、またそのことに照れているのであった。


紅野敏郎氏の大著が刊行され、その内輪の祝いの会があった。すでにそのころ大久保さんは、館の事務局長を退いておられたが、その日、大久保さんは珍しく泥酔された。

手洗いから戻ってくると、他の方々は退出されたあとで大久保さんが一人、畳の真中で正体なく寝ておられた。私が声をかけると、下から睨《ね》めつけるように見上げられ、御自身がどういうことになっているのか、判然としない様子で、それでも私のことをはっきりと意識されたあとで、一言、ぽつりと言われた。

それは、私が子供のころから聞きなれたことばであった。下町のべらんめえとは違う、商人の、それもいわゆる「旦那衆」のことばであった。しかしそのことばは、凄味のある、いわば「捨てぜりふ」であった。私は大久保さんを身近に感じた。

亡くなられた夜、微醺を帯びて交叉点を渡りながら、大久保さんは誰にいうでもなく、あのなつかしい捨てぜりふを、ひとりごちていたにちがいない。

冥府の友へ

追悼・飯田貴司

君が彼方《あちら》へ逝って、はや一月経ちました。河出書房新社を定年退社して、やっとのんびりできたなと思っていた矢先の発病、そして突然の死、本当にこの冬は息苦しく長い季節でした。君の三十数年の編集者生活を顕彰する追悼記事がいくつか出て、ぼくは改めて君がいかに多くの作家、編集者に愛されていたかを痛感しています。

君を思うと、いつも思い起こす一人の男がいます。ビリー・ワイルダー「アパートの鍵貸します」の主人公、ジャック・レモン扮する間の抜けた男です。自分のアパートを上司の密会場所として提供し、出世を図る——君がこの映画を観ていたかどうか、確かめたことはありません。この映画が制作されたのは、一九六〇年でした。自称60年安保の闘士、慶應ブントの旗手（旗をもって先頭を行進していたということらしい）の君と、ジャック・レモン氏との連想などと言ったら、さぞ君は怒るでしょう。

ジャック・レモン氏は、上司の愛人が自殺未遂を図ったあと、その愛人と深夜まで延々とトランプをします。その滑稽な男と君は、いまぼくのなかでぴったりと重なります。君は不遇の作家、無名の若い作家、ついてない編集者を励まし、馬鹿ばかしいくらいの時間を深夜の酒場で浪費しているように見えました。君はトランプならぬ水割をぐいぐい呷り、人を励まし続けました。

君の死の三日前、最後に君と会った時、君は何の脈絡もなく、60年安保の旗手（これは文字通り）島成郎さんのことを語り始め、晩年まで僻地診療に没頭した氏の偉大さを、ほとんど聞きとれぬ声で熱烈に話しました。君の「献身の出発」は60年にあった、と実感し、あのジャック・レモン扮する男と君が、また重なってきました。

君は戯歌を作るのが大好きで、河出の同僚で歌人の故小野茂樹さん、佐佐木幸綱さん、とくに高野公彦さんを顰蹙せしめました。君が盟友林茂樹さんに宛てた最後の手紙に付した戯歌「思ひきや食道癌を道連れに世紀の終りを迎え待つとは」は、君としては上等とは言いかねますが、ぼくにとっては痛切な思いがします。

昨日、神奈川県入生田の桜を見に行きました。小林秀雄がこよなく愛したただ一本の山桜、鳥が羽根をゆったりと羽ばたくような見事な垂れ桜です。君といつか行こうと言い合って実現しませんでしたね。

其方《そちら》の島成郎氏に敬意を。ジャック・レモン氏によろしく。そして誰よりも愛するお母さんによろしく。

葡萄棚

何の変哲もない葡萄棚の写真が一枚、手元にある。撮影は昭和二十五（一九五〇）年夏。栄養失調ぎみの二人の少年が、葡萄の房にぎごちなく手をそえている。納涼記事の一つとして当時の「読売新聞」に掲載されたもので、見出しは「銀座のまん中の葡萄棚」とあったように思う。

この二人の少年の左が私。木挽町（現銀座一丁目だが）の商店街を「銀座のまん中」というのは、かなりの誇張だが、人と車の往来（といっても自動車、オート三輪のほか荷馬車も通っていた）が激しい街中の葡萄棚は、珍しい風景として映ったのだろう。私の生家はステッキ、洋傘を商いとしていた。洋傘の絹地の生産地が甲州で、その縁で苗をもらい祖父が植えて大きく生長したものらしい。

荷風の「葡萄棚」は私の好きな掌編の一つだが、浅草のうらぶれた寺に、少女のような娼婦に導かれてみる葡萄棚の描写には、淫靡な美しさがある。むろん空っ腹の少年にとってわが家の葡萄棚は、貴重な食料源として映っていたにすぎない。しかし一方で、中学一年生だった私は、街の近辺で起こるスキャンダラスな性の話題についても、敏感にならざるをえない。戦死した息子の嫁との間に子が生まれた駄菓子屋の老人、亭主に戦死された女性と養子との間に生まれた足袋屋の美少女など、戦争の傷跡といっていい〝事件〟に、私は性的な刺激を感じとっていた。

当時、深刻な食糧問題などのために、都市への転入が規制され、また、都市部の住宅は住空間が法的に定められた。剰余の部屋には借家人を置かなければならなくなった。杓子定規の父は法に従い、木造三階建てモルタル装のわが家の一室を一人の女性に提供した。義母との折り合いが悪い娘を預かってほしいという、築地の料亭主人の依頼で、美しい女性が住むようになった。それから半年くらいたって、髪をふり乱して父に摑みかからんばかりに激高した義母（？）が、店先に現れた。

その若い女性は料亭主人氏の娘ではなかった。わが家の三階はいつのまにか妾宅となっていたわけだ。荷風の「妾宅」は、もの憂い自堕落な安息の空間を描いているが、わが家に現れる料亭主人氏は、そそくさと来り、あっという間に二人で出掛けて行く、せわしなく切迫した雰囲気をいつも漂わせており、今思えば何ともせちがらい妾宅で、気の毒なくらいのものであった。

葡萄棚の下の少年は、にこやかに笑いながら、こうした淫靡な性の入り口に立っていた。そして一年ほど、中学の二年になっていた私はある日たまたま、「老い痴れてただに目たたきして過す我とはなりぬあるか無きかに」（窪田空穂）という歌に触れ、痺れるような感覚を味わった。この倒錯、少年の頭の中は、化け物そのものではなかろうか。

いつの世も、少年の頭の中は（少年ＡもＨも）化け物の世界に住んでいるものらしい。

三吉橋

新年ともなれば東京下町の門々には、獅子舞や万歳などの門付が頻繁にやってくる。獅子舞とはいってもきちんと舞うことのできるものは稀れで、大方は形だけの祝儀目当ての手合いが多い。

新年のささやかではあったが祝宴中にやってくる獅子舞は迷惑この上ないが、階下へ降りてゆき祝儀を渡す役目は年少の私ということにいつしかなっていた。しかしすべての獅子舞に祝儀をというわけにはゆかず、三人に一人は、「お断り」ということにした。

ある正月、あまりにも柄のよくない横柄な獅子舞にお断りというと、ちえっと舌打ちをして、戸を乱暴に閉めて立ち去った。新年早々、人を不愉快にさせるのは、こちらはその上不愉快だし、どうしたものかと父親に話した。そういうときは「お通りなさい」というもんだ。なるほどこれは婉曲な「お断り」だと感心した。それからは気の利いた大人の科白が気に入って、これを連発した。

子供のころから、私は人一倍小柄で、実際の歳より幼なく見えたし、また幸か不幸か、中身に反して利発そうに見えたらしい（あくまで子供時代のことです）。何やらとり澄ました年端のゆかぬ餓鬼から「お通りなさい」などといわれて、獅子舞は怒る気にもなれず、半ば呆れて立ち去ったのであろう。

正月三日はさしもの昭和通りも賑いはなく、人も車もまばらである。私は銀座通り、昭和通りを背にして、築地方面に歩き出し、三吉橋の欄干に凭れて、築地東劇の方を眺めるのが好きだった。三吉橋は、三島由紀夫の「橋づくし」にも出てくる橋の一つで、木挽町、新富町、築地、三つの街をつなぐ三叉の橋である。橋の袂には右手前に産科の大病院、渡り切った右肩が京橋区役所（今の中央区役所）、左肩が○○ホテルという連れ込みで、堀田善衞の「橋上幻像」の発端にも書かれている。何やらエロチックな三題噺のようだ、と思ったのはもちろん後々のことだ。

この京橋区役所には、戦前窪田空穂の斡旋で、区史編纂のために若き日の都筑省吾が、窪田章一郎ともども足繁く通った、という。このころの話をされると何か気恥ずかしそうに、苦々しいお顔をされた都筑先生を思い起す。

この橋の上から見る風景は西洋の風景画のようだ、と常々父は言った。橋上から東劇方向を見ると、その中央辺り（今、築地警察署、電通のある）がなだらかに窪んでいて、河面に映える夕陽は、たしかに西洋の風景画のようだ、と子供心に思ったものだ。父が誰彼の作品を頭において言ったものかどうかは分らない。ただ漠然と「西洋」かぶれの明治生まれの職人の感想にすぎないかもしれない。この美しい西洋画の一画に建つ築地警察署で、小林多喜二が虐殺されたことを知るのは、勿論後年のことである。

旧年、版画家の山高登氏におねだりし、三吉橋の版画をいただいた。見事な構図、色調の作品で、私には格別の思い入れのある作品である。新年には恩地孝四郎の「東劇」とともに部屋を飾り新年を祝う。今は高速道路となり、ただ喧噪だけの風景を消し去るために。

そして父の祥月命日、一月末日まで、この二つの作品は、わが部屋に豊かな時間をもたらしてくれる。

水の魔

この六、七年、晩秋になると「向島氏」「尾道帰り氏」と年一回のハゼ釣りに出掛ける。二人ともに仲々の釣り人で、釣果はかなりのものだが、その数のほどは御想像にまかせる。一度「吉祥寺南氏」を誘ったことがあるが、「南氏」は竿を小まめに上げるよりも、携帯電話をかけることに小まめで、「向島氏」の御勘気に触れ、以来三人だけでの釣りとなった。遊びといえども、一人が投げ遣りになるとゲームは成り立たないものだ。以降三人の釣果のほどを、「吉祥寺南氏」の携帯へ報告だけするという形になった。

河出朋久さんのような真の「釣師」とちがって、たかが年一回の釣りになぜそんなに〝ギビしい〟ことを言うのか、という向きもあろうが、それには私の長い「釣りの歴史」が関わる。

三十年ほど前になるが、友人のカメラマン畔田藤治さんと二人でハゼ釣りに出掛けた。畔田さんは、背丈は私と変らぬ小兵だが、なかなかの運動神経の持主で、野球も上手いし釣りも格段に上手い。ハゼ以外にもカワハギ、キス、平目、黒鯛などを釣りに出掛ける（らしい）。らしいというのは、私の前で釣りの話はまったくしないからである。二人は深更までよく飲んだものだが、そうしたときにぽろりと「先日のカワハギ……」などという言葉が零れ、彼は一人で釣りに出掛けたらしいと推察されるのである。

初めて畔田さんと釣りに行った翌年、そろそろお誘いがあるのかなと心待ちにしているのだが、秋九月の末になり、十月になり、十月の末になり、十一月に入っても何の音沙汰もない。そのころ二人は活字文化の歴史と技術の雑誌「アステ」を編集していて、写真はすべて彼に新規に撮影してもらっていた。電話で仕事の打合せのあとなどに、そろそろどうですかと探りを入れても、ええとか、まあとか何故か要領を得ない。電話ではだめだ。仕事で顔を合わせ、一杯（彼と私のことだからかなりいっぱい）飲んだ末に、こちらの予定表を見せ、いつ行きますかというと彼は渋々腰を上げる。それでも〇月〇日は台風が来るかもしれないなどとひとりごちたりしながら、舟宿に電話し、ようやく日時が決まる。こうして彼とは必ず面談の上、釣りの日取を決めることにしていた。

畔田さんは平成十二（二〇〇〇）年三月、六十四歳でガンに倒れた。前年、永年撮り続けた慶應義塾の写真展を開き、大きな反響を呼んだばかりであった。彼の写真は、師三木淳ゆずりのダイナミズムと一瞬の判断で決めるフレームワークの絶妙な冴えが光った。彼の死を悼む声の大きさに私はあらためて彼を失ったことの深い悲しみに沈んだ。頑固で純粋すぎるほど純な彼の生き方は、何ごとにも不徹底で甘ったれ根性の改まらない私をほとんど周章狼狽させた。

畔田さんの死の翌年、「向島氏」と木更津沖に釣りに出掛けた。舟から上って入った居酒屋で浅草育ちの「向島氏」はやおら言った。

「畔田さんがお前さんとの釣りを渋った訳が分ったよ」

私の釣りは俗にいう「大名釣り」だという。餌こそ自分で付けはするが、リール、仕掛けの取りつけ、片付けなどは、すべて畔田さんにしてもらっていた。釣りのダイゴ味は、集中しているときにおとずれる魚のアタリにこそあるのに、隣の釣り人の面倒まで見なくてはならぬとなれば、集中心を著しく妨げられる。私の釣りは「吉祥寺南氏」以上に傍迷惑なものとしかいいようがない。それでも畔田さんも「向島氏」も一応懇切に付き合ってくれる。

そんな私が言うのも妙だが、私の釣り歴は六十年を遡る。もちろん陸釣にかまけての中断はあったが、小学校五、六年のころ、買ってもらった自転車を駆使して月島へ出掛けたのが最初である。終戦直後、木挽町の家の周りの堀は、疎開した人たちが帰ってこないこともあって人口密度が低くなり、垂れ流しにしている生活用水も少なく、川底が透けて見えるほど澄んでいた。秋に入るとその清流を魚が川上に上ってくる。一度長兄と有楽橋（いまは埋め立てられて高速道路になっているが）の上から眺めていると、かなり大き目の魚が遡上してくるではないか。兄は網とバケツを持って橋の下へ降り、バケツ一杯のボラ（？）を掬い上げた。いかに食糧事情の悪いとはいえ、このボラは不味かった。魚まで栄養不良ということもあるまいが、ぱさついていてとても食べられる代物ではなかった。当時は銀座も木挽町も新富町も、ぐるりを掘割（川ではない）に囲まれて清々しい水の匂いに包まれていた。大川まで行かずとも街全体が水の清気に包まれていた。

最初は足ならしに三吉橋あたりから東劇、新橋演舞場前の堀で釣ってみたが、これはさすがに半日に一匹か二匹しか釣れない。だんだんと足を伸ばし勝鬨橋を渡って月島まで走った。当時の月島は今のように埋め立てが進んでおらず、すぐ海に行き着く。引潮のときに掘りかえせば、餌のゴカイはすぐにとれ、一本の和竿（というとしゃれているが、ただの竹の棒のようなもの）に針と錘りをつければ、十や十五は釣れた。私は子供のころから堀や川の水が好きで、釣りに集中するよりも、うっとりと川の水を眺めていた。今でも「向島氏」と船に乗り、堀と川をめぐって海に出るまでの景色がもっとも心弾む。川に架かる小さな橋を下から見上げるのも楽しい。

終戦から二、三年経つと、三吉橋から京橋小学校裏の新富橋あたりの堀に、しばしば水死体が上がった。水の流れ、潮の満ち干の加減で、いつも同じようなところに漂着するようであった。子供心に恐いもの見たさに出掛けるのだが、大方は女性と嬰児が多かったように思う。いつの時代もその歪みの被害者は婦女子ということだろう。その夜はさすがに食欲がなく、床についても眠りにつけなかった。

昭和三十年代に入ると、生活用水に加えて工業用水も垂れ流しにしたため、川底にヘドロが堆積し、川も堀もすさまじい悪臭を放つようになった。そのころの大川の汚さは、今からは想像を絶するほどで、大川に寄せる懐しさを描いた荷風の作品を読んでも、少しもピンとこなかった。木挽町をめぐる堀の水も、他聞にもれず鼻を突く悪臭で、風の向きによって街全体に死臭の漂うような思いがした。

やがて京橋区の堀という堀はすべて埋め立てられ消滅した。地価の高騰によって、さらに新しい土地が必要とされ、利権のために次々と埋め立てられ、商業地あるいは高速道路となった。埋め立てに対して住民が反対の声を上げなかったのは、死んだ川の悪臭よりはまだましだと考えたからかもしれない。御上が堀や川への垂れ流しを放置したのは、埋め立てへの布石であったのかもしれない。

もはや、私は釣りをする堀も、うっとりと眺める川の水も失ってしまった。

「イチローさん」

イチローさんの姓は、たしか中村といった。鈴木さんではない。

小学低学年のわれわれにとって、イチローさんは立派な大人にみえた。といっても高等学校を出たか出ないかというところだろう。われわれが学校から帰るやいなや路上で草野球を始めると、イチローさんは必ずキャッチャーの後方におずおずと近付いてくる。

白い清潔なYシャツ、紺のズボン、当時化学繊維は一般的に出廻っていなかったから、おそらく母親が綿のYシャツに糊をきかせ、アイロンをきっちりとかけたものだろう。イチローさんはいつも小奇麗な身形をしていた。

時折イチローさんに何かを促すように声をかける女の人は、イチローさんの母親らしい。イチローさん似の色白で長身、いつも神経質そうに眉根をよせている。にこやかに笑っているところを見たことがない。

われわれの草野球のグラウンドは、通常宮城前広場の路上だが、家から一キロ近い道程は子供の足にはかなりの大儀で、週に二、三回は近所でということになり、木挽町一丁目と二丁目の境と、三十間堀から三吉橋に向って交叉する空間でのゲームとなる。いま観光地図をみると、歌舞伎座にいたるこの道は「仲通り」というそうだが、当時はそんな洒落た呼称はない。この道は昭和通りと平行しているため、自動車が入ってくることはほとんどない。昭和通りといえども、車が引っ切り無しに往来するなどということはない。この「仲通り」にたまたま馬力が入ってきて、馬が大量の糞をするのには往生したし、夏場の大放尿は堪えた。コンクリートではないが、コールタールに小石をまぜたような舗装はされていたから、尿は直きに染み込まず、いつまでもコールタールを濡らし黒々と光っていた。

イチローさんは、われわれに近付くがしばらくは黙って伏目がちに立っている。そのうちにおずおずと「審判」をさせてほしいと申し出る。われわれ疎開帰りの悪童は、それぞれの地方の訛りがまだまだ残っていて、私なども父親の眉を顰めさせた。イチローさんは実にきれいな東京語で話す。この人は「の手（山の手）の人」ではないか、と後年思った。

草野球に「審判」など付くわけがない。頭数も十人そこそこで、二チームを作るわけだから、すべてが兼務である。そこへ「審判」をやらせてほしいという大人の申し出は、悪童たちに自分らの草野球に「箔」がついたような錯覚を起こさせ、喜んでお願いする。

イチローさんの第一声は、つねに「ストゥライク！」である。戦後、プロ野球がようやく復活し、中島治康、スタルヒン、川上哲治などが後楽園球場で活躍していたが（水原茂はまだシベリアから帰っていなかった）、イチローさんはこうしたスター選手よりも、一人の審判に強い憧れをもっていたようである。

島主審というのがイチローさんの憧れのスターで、正面を見据え、右手を高く上げて「ストゥライク！」とかなり甲高い声で、はっきりとジャッジする。イチローさんは、つねにこの島張りの「ストゥライク」が言いたいのである。

ボールがかなり高くても、コースを大きく外れていても「ストゥライク！」

子供といえどもだんだんにイチローさんのジャッジはおかしいと思うのに時間はかからない。抗議をすると「ボール」と即座に訂正する。その次の球は明らかにド真中なのに「ボール」。抗議をすると嬉しそうに「ストゥライク！」。こうなると悪童たちはイチローさんをゆたぶってやれという気持になる。主審を外されたイチローさんに、代走に出ますかと訊ねると喜々として臘石で書いた一塁ベースに駆け出してゆく。次の打者がヒットすると、イチローさんは三塁を（二塁はないので）一気に廻る。そこへわれわれ悪童連は「すべれ」とスライディングを要求する。舗装道路でスライディングをすれば結果は知れている。いちど「ヘッドスライディング」をしたイチローさんは、眼鏡は飛び、Yシャツの肘のところが裂け、血がにじんだ。

どこで見ていたのか、イチローさんの母親が飛んで出て、イチローさんは叱られながら二丁目方向へ連れ去られた。それでもイチローさんは、翌日か翌々日には、木挽町か宮城前広場に現れた。夏も真冬も一年中。

いがぐり頭に髭を蓄え軍服（国防服）を着た初老の男が、つねに一丁目界隈を徘徊していた。「中村大尽」（同姓だがイチローさんとは何の縁もない）と呼ばれ、夏場以外は軍服の上に国防色の外套を着、内ポケットにはかなり分厚な新円の百円札の束を入れていた。家作を処分した金らしい。中村大尽はつねに悲憤慷慨し、占領下の日本の現状を弾劾している風であったが、政治向きのことはわれわれ子供には分らない。ただ酒屋の店頭に立って、「駄菓子屋で五円のラムネがなぜ酒屋だと十五円のサイダーになるのか」ということから始まり、天下国家を糾弾しているようであった。「大尽」は子供に恐怖心を抱かさず、なぜかユーモラスでさえあった。のちに井伏鱒二の「遥拝隊長」の中に、「中村大尽」の姿を見、ユーモアと悲惨を感じた。

戦後二、三年の木挽町一、二丁目には、イチローさんも「中村大尽」も、街の日常に馴染んでいて、誰も二人を排除したりしようとすることはなかった。大人たちにその余裕もなかったといえばそれまでだが、凶々しい社会的事件が多く起こる中、街全体に刺々しい咨嗟《しさ》の風がなかったのはなぜだろうか。

イチローさんというと、私はなぜか幸田文の短篇小説「呼ばれる」(「文藝」昭和四十一年一月号)を思い起こす。一市井の初老の夫婦と一人息子の病気の顚末を描いたもので、秀作の多い幸田さんの作品の中で、とりわけ傑出した作品とはいえないかもしれない。脳腫瘍除去のため失明した一人息子の哲夫は、本を読むことが唯一の楽しみであり、編集や校正を生業としていた。失明は母と子にとって致命傷を負うたことになる。その顚末を夫婦の日常的な不協和音の中に描きながら、やがて哲夫が隣家の子供に「おじさん」と「呼ばれる」ところで終わる。他者から本気で「呼ばれる」ことの幸せを感じる哲夫は闇の世界から光を求めて一歩踏み出そうとする。しかしその声は哲夫の幻聴であるかもしれない。

イチローさんと哲夫は何もかも違う。しかし私はイチローさんを思い起こしつつ、この作品を読んだことが忘れられない。

イチローさんは、よく母親から「呼ばれ」ていた。母親はわれわれ子供には近付かず、通りの向うから、あるときは優しく、またのときは冷たい声音で呼ぶ。イチローさんはその声に即座に順応して、牛がひかれるように母のあとに従う。楽しい遊びの時間を中断されたためか、少し俯きかげんに無言で母親を追うイチローさんにも、「呼ばれる」ことの光明があったと思いたいのである。

一枚の写真から

「新潮日本文学アルバム」

「新潮日本文学アルバム」の写真蒐集をはじめて二年に近い。すでに既刊十二冊、と半ばをすぎて、ようやく要領をつかみかけてきたが、当初はどこから手をつけていいものやら、まったくの五里霧中であった。

一冊に収める写真の数はかなりの量にのぼる。少ないものでも、モノクロ・二百五十点、カラー・五十点、多いものになると、モノクロ・四百点、カラー・百点をこえる。編集段階では、その何倍かの写真が必要になる。

さて、どうして集めるか、はたしてできるだろうか、不安な準備の時間がすぎる。

久米勲、西村久仁子、私をふくめて三人のスタッフが、もっとも頼りにして、最初にうかがうのは、収録作家のご遺族と、日本近代文学館である。

去年（昭和五十八年）、開館二十周年を迎えた日本近代文学館は、蔵書数六十三万冊（うち書籍二十五万、雑誌三十八万）、生原稿、書簡類三万五千点、写真資料二万二千点と、こと近代文学に関しては、随一の宝庫である。館に通い、徐々に全体の骨子をつかんでゆくが、それでも明治・大正・昭和三代にわたる二十人の作家たちの資料が、ことごとく揃うというわけにはいかない。

太宰治の一枚の写真。机に頬杖をついて、ものうい表情。頬がこけ、翌年死にゆく人の顔だなあと思わせる、影のうすい写真である。この写真は、若き日の田村茂氏が撮られたもので、三鷹陸橋上の太宰、あるいは林忠彦氏撮影の、銀座の酒場ルパンで軍靴をはいて元気そうな太宰の写真とともに、たいへん有名な写真である。ところで、同じ写真を何枚か並べてみると、少しずつちがうのである。

　人間の顔は、ちょっとした陰影の差で、かなり印象がちがう。そこで田村氏にお願いし、四十年前のネガフィルムを借していただきプリントした。オリジナルプリントである。頬がこけているとみえたのは、複写を重ねてゆくうちに、黒くなったのである。複写によって太宰は何歳か歳をとってしまった。オリジナルプリントの太宰は、三十八歳にふさわしい若々しい相貌をあらわした。

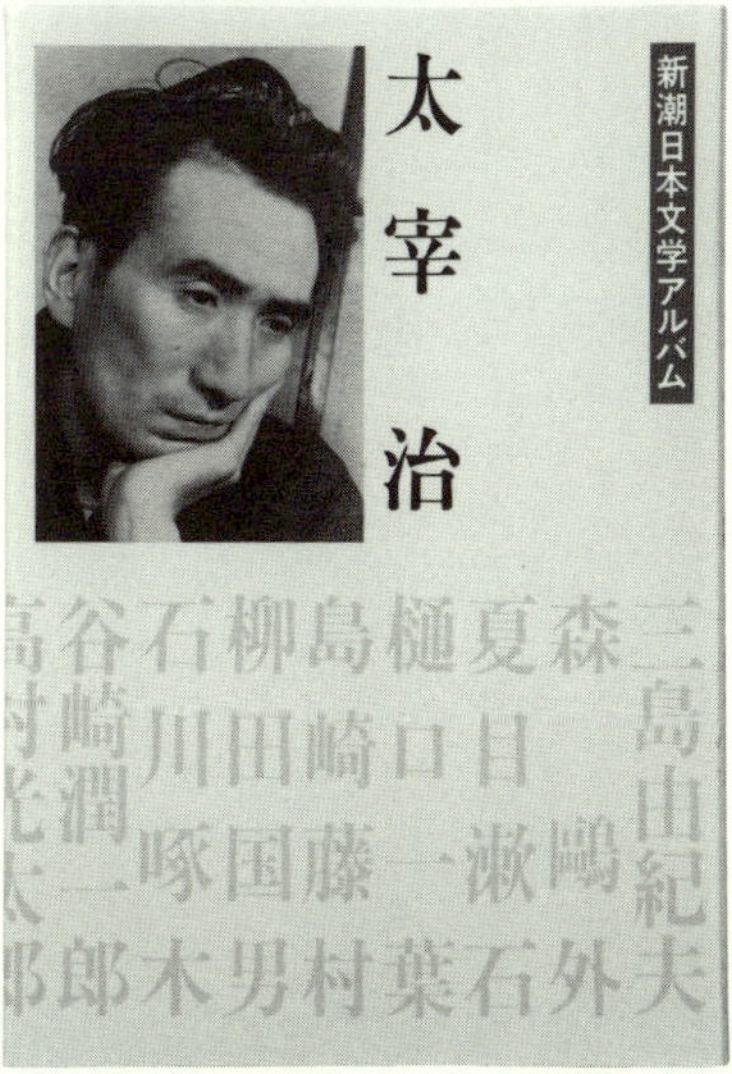

上：『アルバム 太宰治』（「没後三十年　太宰治展」図録）
日本近代文学館編　昭和五十三年七月刊
下：『新潮日本文学アルバム　太宰治』昭和五十八年九月刊

まず写真はオリジナルプリントで、これを第一にすえた。といっても百年近い昔の写真もすべてというわけにはいかないが、『高村光太郎』は、光太郎の甥で写真家の高村規氏と編者の北川太一氏のご協力で、ほぼオリジナルプリントで再現することができた。

オリジナルプリントを見ていると、思わぬことが判ってくることがある。去年の夏、三島由紀夫夫人の瑤子さんと、一冊のアルバムを見ていた。三島由紀夫は生前、作家には珍しく(?)自分の著作目録、年譜、写真など、きっちりと整理していた。また写真を撮られることの大好きな人であったから、ポートレートだけでも三千枚をこえた。瑤子夫人もまた厖大な資料を整然と分類されていて、たいへんありがたかったが、写真の一枚を裏返して、何かその時ひっかかるものがあった。裏を見るのは、撮影者の確認と日付を知るためである。三島が自宅の冷蔵庫をのぞいている、およそ三島らしからぬ写真であるが、撮影者は記名されていない。よくみると鉛筆で、かすかにOともDともつかぬサインがある。しばらく眺めていて、土門拳だ！その瞬間、この写真を土門氏の許可を得ずに(知らないから平然として)使った昔の記憶がよみがえってきた。

ご遺族、日本近代文学館、各巻の編者とともに、私たちが頼りにしているのは、全国に点在する文学記念館(花巻の宮沢賢治記念館、馬籠の藤村記念館などは特にすばらしい)、大学図書館、国会図書館、研究機関、コレクターの方々である。しかし、あそこには貴重な資料があると判っていても、なかなか撮影許可の出ないことが多い。東京大学法学部にある明治新聞雑誌文庫。このいかめしい名の研究所の新聞関係の資料はすばらしいの一語につきる。そして手続の簡便なこと、前日に電話をし、翌日撮影することができる。手続、手続で書類を何度も提出させ、その上時間の不自由なところの多いなかにあって、この日本の最高学府のサービスは何よりもありがたい。なるほど自由人宮武外骨翁創設のことだけはある。

一枚の写真をもとめて、草の根をわけるような書きぶりになってきたが、思わぬ幸運に恵まれることもある。偶然、個人全集にも未収録の書簡に出会うことがある。先日も島崎藤村の『春』をめぐる漱石の書簡が出てきた。この書簡は昭和二十三年ころから、馬籠の藤村記念館にあったものだが、本年三月、藤村記念館第三文庫が完成されるまで、展示されていなかった。『春』を「朝日新聞」に載せるように推薦したのは、漱石か、二葉亭四迷か、という両説に一つの参考資料となる重要なものだと、編者の三好行雄氏が喜んでくれた。また川端家のご厚意で、川端の「同性愛」体験をつたえる大正五年の日記を収めることができた。いずれも全集未収録のものである。

日本文学の国際化、といってもなかなか軌道にのらないが、それでもロンドンに漱石記念館の準備があり、本年、ベルリン市の協力でマリトエンシュトラウセに鷗外記念館が出来ると聞く。来年二月刊行の『森鷗外』には、ぜひその資料も入れたいと、編者の竹盛天雄氏のご指示をいただいたが、カメラマンと同道で鷗外の下宿を撮りに東ドイツまで行くわけにもゆくまい。

なかなか「一写千里」とはいかない。

挿絵、挿画、挿図のこと

「カラー版日本文学全集」

文学全集、といわれる日本独自の（誇るべきものかどうかは問題だが）文学アンソロジーが、大規模出版社から刊行されなくなってすでに久しい。小学館の「昭和文学全集」（全三十六巻）あたりが、最後といっていいだろう。昭和六十一（一九八六）年から平成二（一九九〇）年までの刊行だから、八年前に完結している。戦後の出版史を繰ってみても、数年以上にわたり新規の文学全集が出ないというのは初めてのことだろう。

新規に文学全集が刊行されないばかりではない。戦後の代表的な文学全集といわれる講談社「日本現代文学全集」、筑摩書房「現代日本文学全集」などの古書価もびっくりするくらい安い。これも文学全集に対する関心の薄さの顕れといってよいだろう。

私のように、いわば文学全集を中心に作ってきた編集者には、もの足りないような淋しいような思いもするが、いっそさっぱりしたような気分になるのはなぜだろうか。文学全集はマス・プロの権化のようなものであり、商品性の高い書籍である。売行きは芳しくなくとも、少数の読者、研究者向けに作られた個人全集とちがって、売れなくても文化的意味のある文学全集、というものは存在しない（筑摩書房の「明治文学全集」は例外、というより別種のものである）。

個人全集は、それを中心となって編集する研究者、編集者の「献身」の賜物といっていいものである。研究者がそのために費やす時間と労力をすべて労賃に換算し、書籍の原価に組み入れたら個人全集は成り立たない。私が関わりをもった「日夏耿之介全集」「定本横光利一全集」(ともに河出書房新社)なども、中心となって編纂された井村君江、保昌正夫両氏の献身の賜物といってよい。また担当編集者、岡村貴千次郎さんが、それに当てた気の遠くなるような時間を、残業料として申告したら、この二つの企画内容は違った形のものになっていたと思う。

当該作家への尊敬と献身の賜物である個人全集とちがい、文学全集は徹底して商品であり、その作りもかなり安直なものが多い。大系性のもっとも高いといわれる講談社の「日本現代文学全集」でさえ、どういうテキスト作りをしたかということになると、かなり怪しいといわねばならない。他の全集のケースだが文庫本をテキストにしてルビを取捨しただけ、というようなテキストもある(文庫本はルビが多く付いているので、新たにルビを付す手間が省けるということだ)。

角川書店の戦後最初の文学全集「昭和文学全集」なども、大規模出版社が作品を寡占していた状況に風穴を空けたという意味で、たいへん意味のある全集である。作品の寡占というのは昭和三十年代まで、藤村の『夜明け前』の著作権は新潮社の独占使用であり、谷崎の『細雪』は中央公論社以外から刊行することができなかった。この二作とも「昭和文学全集」の目玉として収録された。しかし、もう一つの目玉、横光利一『旅愁』の本文を例にとっても、テキスト作りは杜撰である。初版(戦中版)と戦後版、二つの異なるテキストを便宜的に接合しただけで、編集者が本文テキスト作りに腐心したという形跡はみられない(もちろん当時の私もそういう編集者の一人であったが)。

編集者(経営者といってもよいが)の文学全集への関心は、そういう方向にむいていないということだ。

昭和四十年初め高度成長期に入ると、河出書房新社は大型の文学全集を連発した。文学全集の成否は、その社の総合力（編集と営業力）にかかっており、営業が売りやすい巻数、括り方、装幀などにあり、本文テキストの良否などは問題とならない。いわば「衣装」が問題なのである。

その大型全集の一つに、「カラー版日本文学全集」がある。解説ページにカラー写真を配し、本文に色刷挿絵を入れるという案が、当時の社長河出朋久氏から出され、私はその担当を命ぜられた。

河出朋久氏は、当時「世界の歴史」をはじめ「の」シリーズで大成功を収めていた中央公論社の嶋中鵬二社長を尊敬もし、標的にもしていたものだが、嶋中鵬二、河出朋久、それに（嶋中さんは毛嫌いしていたが）角川春樹の三氏は、同じタイプの編集者＝経営者であり、戦後出版界の異能の天才編集者といっていいだろう。

「カラー版日本文学全集」に挿画をお願いする画家は、流行の挿絵画家ではなく本画家（タブロー作家）を積極的に起用しようということになり、文学全集であるにも拘らず、美術監修者として、安田靫彦、梅原龍三郎両氏の名が掲げられた。

それから半年近く、数十人の著名画家への訪問が始まった。尾道の小林和作氏に「暗夜行路」十二点をお願いに上ったり、当時超人気作家で、号あたりの価格が梅原龍三郎氏を凌ぐといわれた林武氏に、大作「夜明け前」全巻の挿画をお願いに上ったりした。

日本画壇の最長老鏑木清方氏については、前著『棒地和装本』で触れたが、この長老（といっても当時七十八歳）は、高齢ゆえと一旦断わられたが、翌日、「昨日御はなしのあつた新規にかく挿画のこと元来それが本業でもありなじみの深い近松か一葉のならかいてもよいと思ひます」という速達をいただいた。鏑木さんは「お平らに」と言いながら、ご自身は端座し、同時代のイズミ君（鏡花のこと）の話、一葉の話、川端康成「雪国」の駒子の足袋の裏の汚れなども描いてみたいとのことだったので、引き受けていただいたことは殊の外うれしかった。お話のなかで挿図、さしずと言われた爽やかな口跡が忘れられない。

鏑木さんは帰りしなに、「伊東にも書かせてやってほしい」と言われた。伊東とはむろんのこと、愛弟子伊東深水のことである。実は伊東さんにはすでに交渉済みであったが、秘書（なのだろう）の方からにべもなく断られていた。即刻交渉すると快諾……。そうか先生の威光を最大限に利用するという手がある、と自分都合に得心した。交渉の順序を考え、日本画についていえば院展系は安田靫彦、奥村土牛の両大家を最初に、日展系は中村岳陵、山口蓬春、鏑木清方の三氏にお引受けいただいたことが突破口になった。

奥村さんへお願いに上ると、「芭蕉先生の挿図を書かせていただくのは無上の光栄です」と折り目正しく言われ、息子のような歳の私は、びっくりした。画伯の通常の画料と、こちらが支払う挿画の原稿料は、比較にもなにもならないくらいのものであったから、渋々でもお引き受けいただければ、それだけで無上の光栄と思っていたのだ。しかし奥村さんの挿画をいただくには、俗に「土牛百遍」といって足繁く伺わなくてはならない。これから永福町通いが始まるのか、とこの大家の慇懃な応答に、いささかうんざりしたりもした。

この大家から、の方策は見事に功を奏した。しかし日本画壇とちがって、洋画壇には全くその伝は通じなかった。ある画家は林武氏の富士連作を、ぼろ毛布を逆さ吊りしたようだと辛辣に爆撃して担当の佐佐木幸綱さんを驚かせた。森芳雄氏は誰方の話にも関心を示さず、アルコールでゆらゆらと揺れながら、朔太郎の詩に、見事な挿画を寄せてくれた。

もともと挿絵、挿画、挿図は同じものだが、挿図、挿絵という言い方には少し遜《へりくだ》ったニュアンスが感じられる。しかし鏑木清方氏の樋口一葉は、挿画ではなくまさしく挿図であり、森芳雄氏の朔太郎は挿画といいたくなるのはなぜであろうか。

この「カラー版」の挿画は、最終的に何点になったか、正確には分らないが優に五百点はこえていただろう。当時伊藤整氏が館長をしていた日本近代文学館との約束で、完結した暁には画家の方々の諒解を得た上で、館に寄贈するという段取りになっていたようだ。しかし河出の二度にわたる引越しと混乱によって、気づいた時には、それらの挿画は忽然と消えていた。誤って廃棄されたにちがいないが、もしやその内の何点かでも、古書展にひょっこりと姿を現わさないものか、私は心待ちにしているのだが。

顰みにならう

『編年体大正文学全集』

この五月（平成十二年）下旬から刊行予定の「編年体大正文学全集」（全十五巻、別巻一、ゆまに書房）の編集準備に追われている。一昨年夏ころから準備に入り、主に早稲田大学の中島国彦、日本大学の曾根博義両教授をはじめとする研究者の協力を得て、ようやく第一巻から第五巻までの目次を作成するまでに漕ぎつけた。

私はかねがね、わが国の二十世紀文学を俯瞰するための「大正文学」のアンソロジーが、ぜひ欲しいものだと考えていた。明治期の文学は、筑摩書房版「明治文学全集」（全九十九巻、別巻一）があり、昭和期には小学館版「昭和文学全集」（全三十五巻、別巻一）などの定評ある大型全集がある。その中間に位置する宝石のような十五年の文学を見透す文学全集が欲しい、とは誰しも思うことである。実際、私の承知しているだけでも、四社に余る大手出版社がこの何年間に企画したが実現しなかった。

言うまでもなく、読者の「文学全集」離れがあり、小学館版「昭和文学全集」を最後に、この十年、「文学全集」はどこの社からも刊行されていない、という出版事情がある。しかしこうした文芸出版にとって最悪の出版状況の中でも、「大正文学全集」だけは、企画が具体的に検討されているという噂は、この十年立ち上っては消え、また立ち上るということを繰り返してきたようである。「大正文学」を俯瞰するアンソロジー、いわば二十世紀の日本近代文学の空白を埋める「大系」の必要性は、文芸出版に携わる者にとって、魅力ある仕事であるのはまちがいないことである。
しかし、「大正文学」のプランは、結局各社とも立ち消えになってしまった。
採算がとれない、この一語に尽きる。

「文学全集」という、この日本固有のアンソロジーは、その原型を昭和初頭の「円本」、改造社の「現代日本文学全集」、それを激しく意識した春陽堂の「明治大正文学全集」の二つに遡ることができる。二つとも明治・大正の文学作品を収めているが、「文学全集」の常として、同時代の文学（文壇）を重視する嫌いがあることは今も昔も同じである。従って大正期の文学は、この二つの全集にかなりバランスを失した形で、多くの作家・作品がとりこまれている。紅野敏郎氏の調査によれば、大正三（一九一四）年に刊行された「現代代表作叢書」（植竹書院刊）、「現代名作集」（鈴木三重吉発行）、「代表的名作選集」（新潮社）などにも、すでにかなりの「大正作家」の作品が収められている。

この二つの「円本」文学全集の編集方針は、この後長く踏襲され、戦後何次かの「全集ブーム」を越え、昭和四十年代まで続いた。「島崎藤村集」「夏目漱石集」と作家別に、文学史（その時の文壇からみた）のピークをとり入れる方式であり、出版社の商業主義にとってもっとも好ましい「大系」であった。

しかしこの何年かの文芸書不振のなかで、たとえば「大正文学全集・島崎藤村集」という巻を想定してみる。「破戒」「家」はもちろんのこと、「夜明け前」も入らぬ「藤村集」が成り立つであろうか。経営・営業サイドの支持を得ることはまず無理である。これをどのようにして突破するか、がまず最初の難関である。しかし話はそう単純ではない。そもそも従来型の文学史（くどいようだが、その時の文壇から見た便宜的なものにすぎない）のピークを集めた作家別文学全集は、いまや成り立つ術がないのではないか。

いま、「円本」から「昭和文学全集」まで、すべて作家別編集と書いたが、ここで思い起こす異種の「文学全集」もある。昭和四十二年十一月、学藝書林から刊行された「全集・現代文学の発見」（全十六巻、別巻一）がそれである。「存在の探求」「性の追求」「孤独のたたかい」といった風のテーマ別に編集されたもので、その第一回配本「存在の探求（上）」は、埴谷雄高の「死霊」既発表分を初めて収録し、話題を呼んだ（第二回配本「存在の探求（下）」の奥付に昭和四十二年一月とあるのは、四十三年一月の誤植か。「死霊」の収められた（上）が第一回配本のはずである）。

この「全集」で、われわれ世代は初めて「死霊」を読み、味も分らぬまま酩酊し、最終回配本の別巻「孤独のたたかい」（昭和四十四年四月）で、古井由吉「先導獣の話」という未知の作家の異様にして新鮮な作品を知った。このユニークなシリーズも、「全集」と冠せざるを得なかったところに文学全集全盛時代の反映がある。

しかし、こうしたテーマ別というものは、時代の嗜好を敏感に反映するもので、今日から見ての大正文学の総体をテーマ別に編集することは甚しく困難と考えざるを得ない。

次は「編年体」ということになるが、これにはいろいろな困難が考えられる。編年体の場合、たとえば浦西和彦氏の綿密な作品年表を頼りに、作品をリストアップすることはさほど困難ではない。しかしその一年の文学を限られた枚数（今回は一巻の収録枚数二千）の中で、ティピカルにとらえるとなると、これは至難の業といえるだろう。

この全集の第四巻「大正四年 1915」の編集担当者十川信介氏と雑談中、大正四年という時代を象徴する作品は、秋聲「あらくれ」、漱石「道草」の二長篇に尽きる、この二篇だけでもいいのではありませんか、と笑われた。この指摘は、「編年体」一年一冊の困難を言い当てた鋭いものである。長編小説の扱いをどうするか。長篇を入れれば、その分マイナーな優れた作品が零れる。

第一巻「大正元年」に限っていえば、編集担当の中島国彦氏は、秋聲の「黴」は、刊年こそこの年であるが割愛し、明治四十五・大正元（一九一二）年に発表された初出紙誌に添って優れた中短篇を収録する、という基本線を打ち出された。長篇小説については、漱石「彼岸過迄」の「雨の降る日」のように一部収録可能なものを収録した。長篇の抄録は最少限に止め、埋れた中短篇を数多く掘り起こすことに努めた。小説、戯曲（大正は戯曲の時代ともいえる）、評論、児童文学、ドキュメント、論争、書簡、詩、短歌、俳句など、あらゆる文学ジャンルを同時的にとらえ、「編年体」ならではの強みを発揮したものになった。中島氏のこの第一巻の編集方針は、この全集に一つの方向を打ち出した感がある。

――感がある、というのは、この全集では全十五巻を十五人の近代文学研究者に各巻分担編集してもらう、という方針をとっているからである。第一線研究者の知識と創見、批評性の多様さを、この全集の見どころとしたいのである。

こういう方針をとったのには、ユニークな先例があるからである。

昭和二十九（一九五四）年、河出書房から刊行された「日本現代詩大系」全十巻の編集方法に倣ったのである。この「大系」は、日夏耿之介、山宮允、矢野峰人、三好達治、中野重治、五人の詩人、研究者が編集したものだが、五氏は一堂に会して共通の立場で選考するという方式をとらなかったようだ。この大系は今日までその資料性を高く評価されているが、さらに貴重なのは、特に日夏、三好、中野、三人の〝癖〟の強い編者が選出した作品の質と、それへの情熱である。後年、昭和四十九年ころと思うが、大岡信氏に依嘱し、「戦後詩」三巻を追巻した。その刊行の挨拶に中野邸にうかがうと、「あの仕事で、中野はすっかり眼を悪くした」と夫人にきついお叱りをうけた。

三氏は各二冊ずつ担当しているが、たとえば三好達治編の「第九巻」は、その過半が丸山薫、竹中郁、阪本越郎、田中冬二ら「四季派」の詩人で占められている。一方際立って意外に思えるのは、西脇順三郎の『旅人かへらず』で一六八篇中、一、一六八の二篇だけをサンプルのように入れてあるだけである。また中野重治編の「第十巻」は、散佚し埋没したプロレタリア詩(作品として特に優れたというものは少ないと思うが)を多く収めて、きわめて異様である。この強烈な個性、この「独断」と「偏向」こそ「詩人」の特権であり、この「大系」に永遠の生命を与えていると思う。

その顰みにならった、ということだけではないが、わたしは各巻の編集責任者が、思いがけない作品を掘り起こして下さることを読者とともに期待している。

一ト月ほど前、「第二巻」の編者竹盛天雄氏が、曾根博義氏の推薦もあって、中村古峡の長篇「殻」を収録する旨、通知してこられた。

いささか、ぎょっとしているところである。

流行廃《はやりすた》り

鎌倉駅へ着いたものの、約束の時間には一時間の間がある。このところぎりぎりの時間にあたふたと駆けつけることが苦痛になり、だいたい三十分前には着いてしまう。ゆっくりと煙草を二本ばかり吸う。このゆったりとした無為の時間が心から楽しい。この傾向は年々加速しているようだ。

今日は河出書房新社時代の同僚でもある三木卓さんと仕事の打ち合わせがある。

それにしても一時間前とは、度が過ぎると思いながら、煙草に火をつけ小町通りへ向けて歩き出す。蒲鉾屋、竹籠屋、小物屋、古本屋と足をのばし、骨董屋のウインドーを眺め始める。古本屋とちがい骨董屋は、私にとって買うつもりは全くないのに、ただ眺めているだけで楽しいという気安さがある。掘出しものがあれば、などという気もさらさらない。その眼力も金もない。書が飾ってある。良いものだが本物だろうかと思いながらその脇をみると、目立たぬところに一枚の日本画がある。小品だが達意の描線が目をひく。作者は中村岳陵。値段をみると、思ったより高くはない。といったところで、私などの財布の持ち合わせで、おいそれと買えるものではむろんない。いわゆる席画ではなく、きちんと描かれた小品である。本物ではないのかしら、あるいはコロタイプかとも思ったが、ここ鎌倉は作者が長年住んだ所であり、お膝元で偽物を商うということはあるまい。コロタイプの表示もないが、平山郁夫のコロタイプの作品よりも安い値段がついている。

中村岳陵といえば、三十年ほど前に亡くなられたが、当時の日本画壇の巨匠中の巨匠である。日本画の伝統に西欧的な近代主義をとり入れた斬新な技法で、戦後の日本画の西欧化の風潮の中で、その先頭に立った巨匠であり流行作家でもある。私がある文学全集の挿画をお願いに、担当の日賀志康彦さんと日参していたころ、岳陵さんは意気軒昂として日本美術院の安田靫彦画伯を槍玉に挙げ怪気炎をあげられた。伺うたびにいつも同じ話の上、正座の足は痺れの限界を越え、日賀志さんは目をしょぼしょぼさせながら苦笑した。中村岳陵はもともと日本美術院の出身だが、当時は最大の美術団体日展の巨匠《ボス》で、その御威光は辺りを払った。昭和四十四年に亡くなられたが、その後の作品の価格はじりじりと下落していった。このあたりは死後ますます価格の上昇する安田靫彦、前田青邨、奥村土牛など院展系の巨匠と対照をなすが、美術界に暗い私には、どうしてそうなるのか、はっきりと理路づけることはできない。しかしこうした現象は画壇に限らず文壇でも同じことで、その作家の死後に作品の売行きがぱたっと鈍くなる作家がある。新潮文庫にミリオンセラーが何冊か入っていた流行作家の作品が、死後その大半を絶版に追い込まれる、などという例は二三にとどまらない。

芸術作品といえども、商品として流通する以上、こうした流行、不流行の波のあるのは、少しも不思議ではない。しかしその周囲で（中心でといった方が正確だが）、それを演出し商売とした画商や文芸ジャーナリズムというもののあり方が無関係であるわけがない。これを誰も押し止めることはできない、その作家を呑みこみ過剰に連鎖反応を起こしながら、時代の流行（したがって不流行も）を形づくってゆく。

そうした激しい時代の波を被った代表的な作家の一人に林武がいる。私は先に記した文学全集で、藤村の

『夜明け前』の挿画十二枚を林さんにお願いした。渋谷区松濤の自宅応接間には、いつ伺っても数人以上の人が屯し、昼間からレミーマルタンなどを傾けていた。その日約束ができていて、作品を受けとりに来ている人は、その中にいるのかいないのか、私には日がな一日油を売っているとしかみえない（私もその一人だが）。

毎週のように伺うこと八カ月、林さんの秘書から電話があり、作品完成の報らせを受けた。

エレベーターで二階から下りて来た林さんは十二枚の作品を愛しそうに示された。その瞬間、私の顔面から血の気がひいてゆくのが自分でも分った。お願いは着彩のつもりだが、眼前の作品は全面ほとんどコンテで塗り潰してあるモノクロ。着彩である旨を申しあげると、色をつけるのなら、こんなに苦労はしなかったのに。しかしもう書き直す時間もない、どうしたらいいのかね、と半ばこの仕事はこれまでという感じで言った。私は「どうしたらいいのかね」という林さんの一言に縋る思いで、道として書かれた白い部分、あるいは空の部分の白いところに、色を入れていただきたいと、一枚一枚に具体的にお願いした。そうか、分ったと、林さんは又作品を抱えてエレベーターで二階のアトリエへ上った。エレベーターのドアが閉まった瞬間、応接間に屯する「日がな氏」たちは、いっせいに溜息とも嘆声ともつかぬ息を深く吐いた。

このころ林武の作品は、梅原龍三郎を凌ぐ高額で取引されたと聞くが、いまや確実に下落しているようである。林武も中村岳陵も一時代を画した流行の人であった。

あの鎌倉の中村岳陵の小品を私は買いたい、いつか鎌倉へ、と思う昨今である。と同時にあの作品が売れてしまっていることを願ってもいる。いつまでもウインドーに陳列されているのは何とも痛々しい。

幻の横光全集

「定本横光利一全集」

横光利一没後の全集は、昭和二十三(一九四八)年改造社から刊行(中絶)、第二次全集は、昭和三十(一九五五)年河出書房から、第三次は昭和五十六(一九八一)年河出書房新社から刊行されている。保昌正夫はこの三つの戦後版横光全集に、いずれも関りをもった。

とくに第三次「定本横光利一全集」の編集作業がある種の徹底を得ることができたのは、保昌正夫のあくなき横光への傾倒と「悪戦苦闘」の賜物といってよい。第二次「河出版全集」は、従来研究者の間では、悪名高きテキストとして、ありがたくない定評があった。

この第二次と第三次河出版全集の間に、「幻の横光全集」が存在した。

没後、横光の文学的評価が急速に下降し、「文学の神様」は「落ちた偶像」となり、「横光コントラ川端」が「川端コントラ横光」となったのは周知のことである。

この時期、保昌正夫は歯嚙みをしつつ、黙々と「可哀相な横光」研究の基盤を整えた。昭和二十年代末あたりから、中村真一郎、野間宏、寺田透、佐々木基一、そのあと篠田一士、日沼倫太郎、吉本隆明などの横光再評価が起こり、河上徹太郎の一貫した評価もあったが、横光への評価は大きく復活することはなかった。

昭和四十年代後半、全共闘運動が解体し、浮ついた若者文化(その中に私もいたということだが)のなかで、何ということもなく、「横光の再登場にぴったりの時代が来たな」（秋山駿「横光利一の再登場」）と感じられるようになった。その機を捉えた講談社は、昭和四十九（一九七四）年、「横光利一全集」の刊行予告を新聞紙上で発表した。編集委員は小島信夫、佐伯彰一、五木寛之、秋山駿、そして保昌正夫。

この発表を挟んで一年半にわたり、それまでの全集に未収録の資料が保昌正夫を中心に整理、解読されていった。その作業を輔佐したのが、当時麻布学園の青年教師であった栗坪良樹で、氏によればその作業は、確実に週一回、講談社の会議室で続けられたという。厖大な未刊資料、多くは横光家蔵のものがコピーされ、断片を読み解き縫合する作業が続けられた。のちにこの資料のすべてが、河出の第三次全集のために河出書房新社に寄贈された。大型ダンボール数箱に詰め込まれたコピーの類は、ほぼ解読整理されており、その量の厖大なこともさりながら、これに要した時間の量を感じさせた。

講談社版全集は頓挫した。編集作業の最終段階に入って、本文の用字をめぐって、主に五木寛之氏らと保昌正夫の意見が対立したらしい。五木氏には新しい世代に向けての全集を作ることが第一にあり、そのためには旧全集の「正字、歴史的仮名遣ひ」の本文には無理があり、「現在をなお生き続けている作家」（秋山駿）として横光の作品を若い読者に向けて提供するとすれば、当然用字は「新字、新仮名」を採用すべきであると主張されたらしい。この意見に他の編集委員も同調し、版元もこれを支持した。

保昌正夫は、これを受け入れない。こういうときの保昌正夫の主張は、説明は委曲を尽さず、断固拒絶の姿勢を示すだけである。その場に同席していた栗坪良樹によれば、保昌正夫の姿勢は、いかなる説得にも応ぜず、梃子でも動かない「強情」なもので、栗坪さんはハラハラしつづけたという。

結局、この用字、仮名遣いをめぐる基本の問題で合意することなく、この全集は頓挫してしまう。

このときの顚末について、保昌正夫は多くを語らなかった。まして自説の正当性を主張し、他を非難するようなことはなかった。このとき保昌正夫が固執したことは、なんだったのであろうか。単なる用字、仮名遣いの問題に留まるのだろうか。保昌正夫は第二次河出版全集の不備を精査していた。このまま不備なテキスト（とくに「旅愁」の扱い）を放置すれば、横光研究は進まない。良質のテキストがあれば自ずと良質の研究が育つ、乱高下する横光評価を苦々しく体験した保昌正夫にとって文壇、文芸ジャーナリズムの評価に煩わされずに、良質のテキストを作るのが、まず第一義のことであった。そのためには初版単行本を底本とした本文校訂が厳密になされねばならぬ、という信念に賭けていた。

昭和五十六年、「定本横光利一全集」第一回配本が刊行され、最終巻「第十六巻」は昭和六十二年十二月、六年をかけて一応の完結をみた。しかし「補巻（拾遺集）」の刊行まで十二年の時間を要した。その十二年、保昌正夫は、粘りにネバった。昭和三十年、「文藝臨時増刊」の一冊として「横光利一読本」が刊行され、川端康成が「悲しみの代価」を紹介したとき、そこに兆すいくつかの疑点にまで遡り、ついに小島勗《つとむ》のご遺族に辿りつき、未発表の習作を発掘する、という具合であった。個人全集に「定本」などというものはあり得ない、いずれも「暫定本」であると認めながら、なおそれゆえに全力を傾けずにはいられないのであった。「補巻」の編集が遅々として進まなくなった平成十一年の秋、気短かな私は、我慢にガマンを重ねた末、保昌正夫に言った。――先生は、この全集を完結させたくないのですね。

保昌正夫は、その言葉に棘と励ましを感じて下さり、何も言わずにただ微苦笑するだけであった。

完結へ向けて

「編年体大正文学全集」

近代文学の研究者、近代文学館の学芸員、古書籍商の人でもないかぎり、明治・大正の文豪の自筆原稿に対面する機会に恵まれることは稀れといってよいだろう。とりわけ鷗外、漱石ともなればなおのことだが、二人には影印本、復刻本類も多く、あたかも現物を見ているような錯覚に陥りがちである。

この二月末（平成十五年）に、ゆまに書房から刊行された「鷗外自筆帝室博物館蔵書解題」（監修＝竹盛天雄、山崎一穎、高橋裕次）は、晩年の鷗外が帝室博物館（東京国立博物館の前身）時代に館所蔵の書籍の解題とその著者に関する考証を自ら執筆したものをすべて収めたものである。そこで扱われている書籍、典籍は古今東西の人文科学、自然科学、社会科学の広範囲にわたるもので、「知の巨人」鷗外ならでは為し得なかった仕事である。個人全集としては、最も理想的、完璧に近いとされる岩波書店版「鷗外全集」には、その一部が翻刻されているが、今回の影印版はそれに倍する未収録部分を完全な形で収めている。

本年一月初め、この企画の発案者であり、編集担当の吉谷伸明君が体調を損ね、最終のチェックができなくなった。編集部遊軍の私は、上條雅通編集部長とともに、その機会を与えられて、東京国立博物館の広い写場で、現物と対面する幸運に恵まれた。ひとり、照明の暗い写場で鷗外自筆の書籍解題を前にして、私は粛然として鷗外の「気」にうたれた。

竹盛天雄氏が、いわれるように〈「官」にあって「野」の生を夢みた〉鷗外の全貌は、「野」の文人鷗外に別ちがたく内包された「官」人鷗外の仕事が明らかにされることが肝要である、という意味で、この影印本は私などの考える以上に重要なものであるにちがいない。

私はこの時期、この仕事の一端に関わりながら、編集の最終段階に入った「編年体大正文学全集」第十五巻（編・解説＝鈴木貞美）の編集実務に、担当の髙井健君とともに当ってもいた。本巻十五巻の最後の巻でもあり（別巻「大正文学年表・年鑑」は七月に刊行予定。編者、宗像和重、山本芳明両氏の新機軸の編集が楽しみである）、既刊十四巻以上の期待を読者からいただいている、という実感をもってもいた。鈴木貞美氏とは、氏の二十代からお付合いを願っている、ということもあり、氏の好みは知っているつもりでいたが、氏の提示された収録作品の初案は、多岐、精査を極めたもので、氏の文学史観の成熟をはっきりと示すものである。編集作業はその線に沿って進めてゆけばよい。しかし私はなぜか最終段階に至って、これでいいのだろうか、と故ない不安にとらわれていた。こうした時、鷗外の自筆を目の前にして、私は何の脈絡もなく、これでいいんだと得心した。

この「大正文学全集」編集の夢は、私の積年のもので、文芸書全盛といわれた時代、一九六〇〜七〇年代に編集者として幸運にも生かされた者にとって、誰もが一度は考えた企画といってよい。筑摩書房「明治文学全集」、小学館「昭和文学全集」、その間に位置する「大正文学」の全集を、というのは「企画」というほどのものではなく、誰しもが考えつくものである。しかし実際に編集案を作製するとなると、従前の文学全集のスタイルを踏襲し、作家名を巻名とする、たとえば「島崎藤村集」は、「破戒」「夜明け前」の入らぬ「新生」中心の編集になる。果たしてこれで一定以上の部数を維持できるのか、という不安にとりつかれる（「新生」はたしかに「夜明け前」に連なる重要な、すぐれた作品だが）。

私もむろんその壁にぶち当り断念せざるを得なかったが、ある時、従来の文学全集が作家名を中心に編集されたのは、どういう意味をもつのか、考える機会があった。作家名、それも文学史上のビッグネームを連ねることは、「文学史」といわれるものに安易に乗るだけのことではないか、文学全集は「文学史」の通俗化、商業化にすぎないのではないか、それを崩すのは、「文学史」といわれるものを解体してみる方向で考えてもよいのではないかと考えるようになった（河出書房時代の私は「文学史」に沿った通俗版文学全集にはいささかの自負と倦怠があった）。

「文学史」は、新旧の仮想対立から成り立つものといっていいが、文学における新旧とはいったい何によるのか、「古い文学」は読むに値しないものなのか。

たとえば、「大正十年 1921」（編・解説＝東郷克美）に収められた保高徳蔵「棄てられたお豊」は、発表当時の時評でもほとんど黙殺された作品といってよい。自然主義全盛時代の「早稲田文学」の古い綴じこみを読むようだ、などと揶揄され「古くさい」と酷評された。しかしこの作品は八十年余を経ても、いささかも「古くさく」ない。一人の女のおろかさ、切迫した情味といったものが、散文芸術以外の手法では伝え得ない感動を今に伝えている（「古くさいぞ、あなたは」といわれてしまえばそれまでだが）。一方で「新感覚」が売りものの作品は、今日どれだけ残り、いまも読むに耐えるか、その数の少なさをみられるとよい。

文学の新旧対立というものを仮想のものととらえれば、文学を時間軸でとらえてもよいのではないか——それが「編年体」という輪切りの文学全集、ということになった。しかしこの方法を考えついたのは私ではない。保昌正夫氏、早稲田大学の中島国彦氏の提案である。

　実は今日、五月十日、本巻の最終巻「大正十五年 1926」の青焼きを責了としたところである。青焼きを見ながら、又してもこれでいいのかと思い遣るのは、本文テキストの問題である。この全集は初出紙誌を底本としている（単行本、あるいは当該作家の個人全集を底本にしていない、ということ）。ここで問題になるのは、初出紙誌には誤植、活字組版特有の組版上の誤りが生じている、ということだ。二行にわたる行頭の文字が入れ替るなどということは、現在の電子組版では考えにくいが、これが間々ある。誤植の多いのは、同人雑誌であれば編集者（プロの校正者というものはこの時期実在しない、と考えた方がいいだろう）の眼を経ていないのだから、致し方ないか、とも思うがそれにしてもひどい。「白樺」などはかなりのもので、木下杢太郎の抗議（?）で誤植訂正表を載せているが、それにも明らかな誤植がある、という具合である。しかし誤植の多いのは同人雑誌に限ったことではない。当時老舗の「中央公論」も、新興の「改造」もそれは凄まじい、といってよい。ひとつ、「中央公論」大正十五年七月号の「大衆文学研究」の本間久雄「我国に於ける民衆文学の過去及将来」を例にあげれば——と思うが、私の校正能力は全くの新入社員並みで、他人様のことを論《あげつら》うことは烏滸《おこ》がましいとも思うので止める。それがどれほどのものか、初出雑誌に当られることをおすすめしたい。

　一方、明治・大正の文士は、文字遣い、仮名遣い、当て字などもまったく自由気儘で、それらをのちのテキストに照らして訂正することは許されない。私が本文をいじくることを教えられたのは、主に紅野敏郎、保昌正夫、竹盛天雄の三氏だが、その師稲垣達郎先生の校訂の基本は、原則として「原稿のママ」（たとえ間違いがあったとしても）というものであった。しかし一方で先生は「文学研究の神経」（『松前の風』所収）

で「見あやまり見落しに対して、寛容であってはならない」と厳しく釘をさしている。

こうして明らかに誤植と思える本文を、最少どこまで訂正できるか、結果として新しい（？）テキストを作らざるを得ないところへ押し出されてしまった、というのが本音である。

私は木挽社の編集者として企画を立案し、大手出版社に、いわば売り込みをかけたのであるが、この「大正文学全集」は在職中、実現できなかった。縁あってゆまに書房の遊軍編集者となり、ようやくこの企画の夢を実現することができた。十七人の編者の方々のご尽力はいうまでもないが、この文芸書不振の時代に、大手出版社にあらざるゆまに書房が巨額の資金を注ぎ実現に漕ぎつけることができたのは、一に社長荒井秀夫氏の「蛮勇」による、と思う。

「目立つ」本

——目立つことにおいて目立つ——こんな一句に目を奪われたのは、私が二十歳になるかならぬかのころのことである。

巧いことを言うもんだと、当時少年は深く感じ入った。筆者は中野重治、『斎藤茂吉ノオト』の一節である。私は長いことこの一節は、本の終りに近いところ、哲学者にして歌人の加藤将之との論争で、加藤の「新風」ぶりを攻撃した一句と記憶していた。中野重治の文学論争における猛爆ぶりは（茂吉の応酬も猛爆といっていいくらい苛烈だが）、つとに知られていることだが、この中野の一句は、論争相手の喉元に匕首を突きつけたような凄みと爽快さがある。（加藤の）作品が「すぐれているから目立つ」のではなく、「目立つことにおいて目立っている」にすぎないと、全面否定の表現である。

正確に引用するとなると、どういう表現であったか、四十数年ぶりに『斎藤茂吉ノオト』に当ってみると、それに近い叙述は、「ノオト十三　疑問的疑問」の章にある。

——茂吉の独自性を疑わぬ私が、「新風」のそれを仮りに認めぬとすれば、それは、彼らに持ちまえのもの、彼らに独特のものが、藝術家の個性というにはいくらか質のちがったものとして現れていたためにほかならぬ。彼らの風体《ふうてい》はまことにユニークであり、いかにも目立ち耳立つものであったが、それは目立ち耳立つことにおいて目立ったのであって、短歌史上かつてなかった仕方での自然への肉迫という点で目立ったのではなかった。

「加藤将之との論争の中で」というのは私の記憶ちがいで、「はにかみの弁——加藤将之氏への答え」と混同したのである。昭和十五、六年当時、歌壇で話題となった『新風十人』(昭和十五年)の「新風」ぶりと茂吉の「新風」風作品との独自性の違いを際立たせるための一句として書かれたものであった。『新風十人』は当時の歌壇の新鋭たちの合同歌集で、大方「反アララギ」の歌人を結集したものである。『新風十人』の歌人、坪野哲久、前川佐美雄、筏井嘉一らの歌を愛読していた私は、中野の一句にかなりのショックを受けた。『新風十人』(加藤将之もその一人)の歌は、「目立ち耳立つことにおいて目立ったのであって」、「短歌史上かつてなかった仕方での自然への肉迫という点で目立ったのではなかった」——つまりオリジナリティの欠如したファッションにすぎないと一蹴したわけである(今回、私の読んだのは「ちくま学芸文庫」版。むかし読んだのは、昭和十七年に出た筑摩書房版だが、「ちくま学芸文庫」版は、それ以降の中野の茂吉論をも多く収めている。文庫のつくりとして見習うべき編集である)。

以上は、かなり長目の前説で、本の「装幀」の話に入りたい。

この九月に、平凡社新書の一冊として臼田捷治さんの『装幀列伝』が刊行された。本の装幀は、現在ブックデザイナーによるものが大半だが、臼田さんは、詩人、版画家、画家、イラストレーター、著者自身、そして編集者の装幀をとりあげ、本の装幀とはいかにあったか、あるべきか、という原点への問いかけをしている。新書判という、少部数では成立しない規模の出版で、この種の本が出たのは非常に珍しいケースというべきで、現に多くの読者に読まれているという。

その編集者の仕事として、美術出版社の雲野良平さん（ダンヌンツィオ著、三島由紀夫・池田弘太郎訳『聖セバスチァンの殉教』、澁澤龍彥『幻想の画廊から』など華麗な装幀で知られる伝説的装幀家）、文藝春秋の萬玉邦夫さん（藤沢周平、開高健、谷沢永一など、きりっとしていて、乾いた抒情性を感じさせる装幀が秀逸）とともに、私の『榛地和装本』も取りあげられた。

臼田さんは文中、私たち三人を「三人の現役編集者」と持ち上げて下さったが、雲野さん、萬玉さんとちがって、私などは「現役」であろうはずがなく、「現存の」と言って下すっても一向にさしつかえのないトシになった。萬玉さんは、『装幀列伝』の出版直前に惜しくも亡くなられた。私より十ほど年少だが、作家の好みがはっきりとした人で、「好みの」作家でなければ装幀をしなかったようだ。一昔前の圭角のある、ガンコな愛すべき編集者の風格があった。

『榛地和装本』は、数年前の刊行だが、この装本は私ではない。敬愛する寺山祐策さんの作で、私が寺山さんにお願いしたのは、「ウィリアム・モリス風に」という自分でも分ったような分らぬような注文であった（私がウィリアム・モリスの何たるかをよく知っていたわけではないが、寺山さんがモリスに精通していることを知っていたから、そう言ってみたまでのことだ）。寺山さんは、カバーも表紙もモリス風（？）の品格を重視し、書名、著者名などの文字情報を極度に抑えこんで小さくした。

書評には間々、書影の付けられることがあるが、この本にかぎっていえば、書影を載せてくれた書評はほとんどなかった。収録した本、たとえば三島由紀夫『英霊の聲』、高橋たか子『荒野』などの書影を載せてくれたものが多かった。この本はA5判の広いスペースの中央に、書名、著者名が小ぢんまりと刷られているので、書評欄の小さなスペースでは、タイトルもはっきりと見えない。編集者は書影を載せる意味が薄いと判断したのであろう。

いま、書店に入ると、平積みの本の大方は書名も著者名も極めて大きいものが目を奪う（巨きい、といった方がよいか）。色彩も刺激的である。たしかに装本（装幀、装釘、装丁、いろいろに書くが、私が装本、と書くのは、恩地孝四郎に倣ってである。恩地さんは大きい文字を使うのに卓越していた）について編集者の第一の要求は、書店にあって「目立つ」ことである。「目立つ」ことによって読者の購買の欲求を喚起させることにある。しかし本の装本に要求されるもう一つ大事なことは、読者が手にとったときの目線での本のあり様ではなかろうか。二メートル離れたところから「目立つ」本が、果して手にとってみて快いものであるかどうか。三十センチの距離で見たとき、その本が美しく快いものであるか、これは装本の原点ではなかろうか。荒っぽくいえば、装本はポスターではない。

この夏から初秋にかけて、私は今年十一月二十日に三回忌を迎える近代文学研究者の保昌正夫さんの『一巻本選集』を編集した。保昌さんの十七冊の著書の中から、一冊の単行本と五十一篇の文学研究（中心は横光利一）とエッセイを収めた。猛暑の中、美酒に酔うように私は保昌さんの文章世界に酔い痴れた。

その装本を了えたばかりである。この手の少部数の本が書店の平台に置かれることは、まず少なかろう、ということもあって、カバーはパーチメント風の半透明の紙を使い、カバーの「平」には保昌さんのお好みであった中国のイラストを一つ配しただけにした。書名、著者名は背にしかない。ただし表紙の「平」の箔押しのタイトルが透けてみえる（これはかなり大きい）という趣向である。

さて出来上りは、読者の反響は、いかがなものか不安もある。「いい装本」だから「目立つ」という本になることは無理にしても、「目立つことによって目立つ」という本にはならないように心掛けた。

いま寺山さんの『榛地和装本』を手にとってみて、つくづく良い本（内容ではありません）だと思うのは「目立つことにおいて目立つ」本ではないという一点にある。

それにしても『斎藤茂吉ノオト』の最初の版は、書名が大きく、よく「目立つ」本であった。

「文藝時評」に憑かれて

「文藝時評大系」

ことし（平成十七年）十一月初旬、紀伊國屋サザンシアターで、山崎正和氏の「芝居——朱鷺雄の城」が上演された。

山崎さんには中央の文芸ジャーナリズム、論壇、劇界の第一線での活躍とともに、もう一つの顔がある。地縁でもある兵庫を舞台に、平成三年から「ひょうご舞台芸術」の芸術顧問をつとめている。今回の新作の上演は「兵庫県立芸術文化センター」の柿落《こけらおとし》として上演したものの、いわば凱旋公演である。

山崎氏のこの数年の劇作家としての活躍は特筆すべきものであって、「ライフ」の女性カメラマンを描いた『二十世紀』、アイヒマンを捕らえた男を題材にした『言葉』など注目すべき意欲作があり、山崎さんはやはり犀利な文明評論家である以前に、骨の髄まで劇作家《シバイモン》だなあと改めて納得させられる。

近ごろはお目にかかることも少なくなったが、久しぶりにロビーで立話を交わした。

「六十（七十であったか）過ぎの芝居書きの新作で成功したものはないと言いますからね」という山崎さんに、（あと少しで七十になってしまう！）私も、いま「文藝時評大系」なる長大の企画を進めている、われながら「編集稼業」から足が抜けないのは困ったものです、というような話をした。山崎さんのこういう時の当意即妙の受け答えは絶妙で、「編集は〈近代〉の作業であって、たかだか一〇〇年のもの、われら芝居書きはソフォクレス以来ですから」と笑った。いえ、「編集」も太安万侶以来（?）だから、一三〇〇年来の作業ですと押し返そうと思ったが、ソフォクレスとなれば太安万侶をもってしても一〇〇〇年の開きがあり、何とも分が悪い。

この十一月初旬は、「文藝時評大系・明治篇」全十五巻編集の大詰めで土日返上、担当のゆまに書房編集部の高井健君はじめ数人のスタッフと、社の会議室を占拠して作業に当っていた。まさに泥沼に足を踏み入れたような状態で、二進も三進もゆかぬという最中での観劇であった。

「文藝時評」という日本固有の批評スタイルを纏めてみたいという思いは、かなり以前からあった。一九六〇年代初めから七〇年代末まで、河出書房新社で現役の文芸編集者であったころは、月々の「文藝時評」は、私の貧しい作品評価の準拠であったし、書き手も河上徹太郎、山本健吉、平野謙、江藤淳など第一級の作品翫賞家が轡を並べていた。吉田健一さんの「大衆文学時評」なども「文学の楽しみ」を、旨い酒を呑むように堪能した。

とりわけ平野さんの「時評」は、作品の本性を鋭く剔抉しながら、その語り口に何ともいえぬ魅力があった。それでいながら平野さんの「時評」は作家一個の生殺与奪の権を握るほどの凄まじさがあった。作家生命をも圧殺した。

大正から昭和初年にかけて、文藝時評がまだ未成熟のころ、時評家として最も優れた仕事を続けたのは川端康成である。しかし川端さんの時評は作家の「余技」としかみられておらず、批評の姿勢も創作家のものである。一方平野さんの仕事は「批評家」の真面目を賭してのもので、何よりも現場（文壇）批評としての迫力が違った（川端の時評には「文壇制覇」の瑞々しい野心がみえるが）。

昭和三十八（一九六三）年、平野謙『文藝時評』上巻が河出書房新社から刊行された。これは同題のものとしては戦後初めてのものと思うが、復刊「文藝」編集長を一年余で罷免された坂本一亀が満を持しての企画であった。駆け出しの私などには、この本の意義などさっぱり分らず、月々の作品月旦を本に纏めることに何の意味があるのか、むしろイージーな企画ではないかとさえ思った。「批評」「近代文学」育ちの私にとって、文芸評論、文学史こそが文芸批評の本流であり、「時評」は一段下のものと見做していた。平野さんが小林秀雄を意識して、自らを「平批評家」と卑下しているところにも、その当時の文壇事情がみてとれる。そして同時に月々の作品を丹念に読まずして、何の文芸批評かという「平批評家」平野謙の気概もみえる。

平野謙『文藝時評』上巻は不明な私を後目に、予想以上の評判をよび増刷にもなり、毎日出版文化賞、毎日芸術賞を受賞した。当時、新聞社系の文学賞、たとえば読売文学賞などの社会的影響力とバリューは、今からは想像もできぬくらい大きなものであった。

下巻は昭和四十四年に刊行されたが、私はその同じ年に、山本健吉『文藝時評』を上梓した（編集実務は同僚の山本番・日賀志康彦さん）。

山本さんは、昭和二十四（一九四九）年から時評の筆を執り始め、昭和四十二（一九六七）年までの十八年間、8ポ2段組、優に五百ページを超える時評を書き続けた。晩年は双方文学的立場を異にした野間宏氏の「真空ゾーン（地帯）」をいち早くとり上げたのは、平野さんではなく山本さんであることなどを当時の時評で初めて知った。驚きとともに「時評」の現場性、同時代評の資料としての重みを知らされた。

平野さんは『文藝時評』に続いて、『文壇時評』（昭和四十八年）、『新刊時評』（昭和五十年）と、時評三部作ともいえるものを刊行した。通常平野さんに初校ゲラを渡すと、早くても三カ月、一年くらい平野さん宅にオクラになることも珍しくなかった、という。『新刊時評』の担当は、いま備前の陶芸家として知られる石野泰造さんであったが、ゲラをお渡しすると、二、三週間の内に担当者の手に戻って来、石野さんを驚かせた。

この『新刊時評』の刊行された直後のことだが、匿名を含めて平野さんの「書評」をすべて収めるという趣旨からすると、この本には二つの重要な作品が落ちているということを平野さんに申し上げた(もちろん私がそのことに気付いたのではなく、丸谷才一さんの請売りだが)。二つの作品とは井伏鱒二『黒い雨』、丸谷才一『笹まくら』。

いや、そうだったか、しまったなあと平野さんは頭を掻いたが、平野さんの顔は、「しまった」という体のものではまるでなかった。

平野謙『文藝時評』によって、私は「時評」の重要性に気づかされ、いつかそれを集大成してみたいという漠然とした考えをもつようになったが、いつしかそれも立ち消えた。

平成十(一九九八)年、私はゆまに書房に籍をおくことになり、これもまた私の夢の一つであった「大正文学全集」実現のために、日大教授の曾根博義氏にお目にかかった。その歓談の折、「文藝時評」の集大成をしてはいかが、との話をいただいた。早速曾根さんにどの程度の規模のものになるのか調査をお願いした。

そして一年くらいあと、曾根さんは大正で二年、昭和十年代、戦後二十年代の四年間を選び、文藝時評と思われるものを定点観測し、そのレポートを下さった。それによれば大よそ原稿用紙にして三十万枚、その半分に絞り込むにしても十五万枚は最低限必要。「大正文学全集」並みに一巻二千枚収録しても、優に七十巻を超える大冊となる。これではとても歯が立たない、半ば断念せざるを得ないかと思いつつ、「編年体大正文学全集」の編集実務に入った。

「大正文学全集」の編集が進むにつれ、私はある困難につき当った。テキストをどう作るかという基本の問題である。この全集は初出の誌紙を底本として収録する。小説の場合はまだしも所収単行本があり個人全集ありで、テキスト作りに見当をつけられるが、こと評論、とくに「時評」風の文章になると単行本未収録のものが多く、テキスト作りに準拠するものがない。

問題は、まずその凄まじい誤植、脱字、句読点の欠落である。「早稲田文学」「帝国文学」「白樺」などの同人誌、機関誌はもちろんのこと、「文藝倶楽部」「新小説」「中央公論」「新潮」などの有力総合誌、文芸誌といえども、校正をした人がいた形跡はほとんどみられない。

もう一つ、新聞掲載の評論は、各行末の句読点が欠落していることが多い。仕方なしにフリーハンドで句読点を補わざるを得ない。その作業を重ねながら研究者でもない私が、いま恣意的に一つのテキストを捏造しているという負い目を感じざるを得なかった。文藝時評の場合、初出誌紙が単行本、個人全集に再録されているものは、紅野敏郎氏が綿密に校訂した武者小路全集など数えるほどしかない。

恣意的に校訂したテキストは、近代文学研究者の要をなさない。いっそファクシミリで提供した方がよいのではないか。幸いわがゆまに書房は学術出版社として影印本作製に三十年の実績と技術の蓄積がある（私は素人だが）。

やれやれ、新組でない分、本文校訂、校正の手間も省けると安堵した。それが浅慮であることをすぐに思い知らされた。現在、公共図書館、大学図書館、日本近代文学館では原本資料を複写させることは許可しない。閲覧もマイクロフィルムでというのが原則で、まず資料を読み、選ぶためマイクロのコピーをとる。これはかなり紙面の状態が悪い。判読に難渋するものも少なくない。その上で入稿用に原本からの複写を依頼するということになり、二重三重の手間と費用が嵩む。それでいながら手間と費用をかけて、原本原紙から複写したものが、必ずしもマイクロに比して状態がよいというわけのものではない。それを編者・中島国彦氏、索引制作者の宗像和重氏用のコピーもということになると、厖大な費用がかかる。ゆまに書房は、複写機のリコーにとって、内神田筆頭の稼ぎ頭で、通常月次のコピーカウントは優に二万枚をこえるというが、この「文藝時評大系」の編集によって、その何倍かの費用がかかった。

平成十一（一九九九）年秋、「大正文学全集」の内容見本用の推薦文を谷沢永一氏に依頼し、その原稿が届けられたとき、私は目を疑った。「文藝時評」に注目せずして、何の文学研究かという研究者向けの檄文で、それはそのまま未生の「文藝時評大系」へのものといっていい。

思えば、関西にこういう奇特な大書痴ありと、谷沢永一の存在を私に教えてくれたのは、若き日の山崎正和である。

影の編集者

「風景」から

すでに四年ほど前のことになるが、越谷市立図書館が発行している「野口冨士男文庫」会報5に、「文学史の闇から」という短いエッセイを書いた。私は野口さんの盟友であった和田芳惠さんのお宅には、氏の晩年親しく出入りを許されたが、野口さんの早稲田のお住まいの書斎には、いくたびかお伺いした、という程のおつきあいでしかない。

それにつけても、和田さん、野口さん、船山馨さんにしても、あの広いとはいえないお住まいのなかで、書斎の間取りばかりが異常に広い。いったい奥さん、お子さん方はどこにおられるのだろうか、と訝しく思ったものである。

野口冨士男『風のない日々』(昭和五十六年)に遭遇(まさしく出会い頭という感じで)して以来、野口文学に深い敬意を感じていたが、その「会報」に寄稿するというほどの深いお付合いはない。おそらく会の理事長の紅野敏郎氏の指名と心得て、野口冨士男の文学が(和田芳惠の名も)、一度も日本近代「文学史」の上に記録されてこなかったことの不思議さ、異様さを書いてみた。

ところが原稿を送ってしばらくして、会からの依頼書をたまたま再読して、私は自身のあまりの迂闊さにうんざりとした。そこには依頼のテーマとして「「風景」編集長としての野口冨士男」とはっきりと指示があるではないか。野口さんの編集者としての卓抜した手腕について、その職にある私に何か書くようにとの紅野さんの指示である。私はそれを全く無視して、見当違いのことを書き連ねたことになる。

このことがかなり応えていて、一昨年の「日本古書通信」の記念特集「心に残る雑誌③」に、「風景」について、野口さんの名編集ぶりの一端に触れた小文を書いた。

舟橋聖一、川端康成の連載エッセイ、三島由紀夫・福田恆存の対談、山本健吉の評論、寺田透の「文藝時評」、八木義徳の書評、短篇小説は吉行淳之介と、実質四十ページに足りない誌面にずらりと並んでいる。雑誌編集者ならずとも垂涎の陣容である。おまけに八木さんの「書評」欄をみると、取り上げた作品に庄野潤三「静物」、島尾敏雄「死の棘」などという月もあって、一九六〇〜七〇年代の文壇の活況ぶりがうかがえるのである。

しかしこの文壇の盛時の中にあっても、和田芳恵、野口冨士男、八木義徳の「戦前派」三人は、「文学史の闇」に鎖され、小説家としては沈黙を余儀なくされていた。あるとき三氏の年譜を見ることがあって愕然とした。この時期、一流商業誌、文芸誌、もちろん中央紙にも全くといっていいほど掲載作品がない。したがって名の通った出版社からの刊行本もない。三人の文士はいったいどうやって生活していたのだろうか。

昭和三十九（一九六四）年五月、佐藤春夫の葬儀が青山斎場で盛大に行われた。通常、文学者の葬儀は、各出版社から手伝いが動員され、受付をはじめ実務関係は、大手出版社の編集者が当る。しかしこの葬儀の受付は、すでに中堅作家として地歩を固めていた安岡章太郎、吉行淳之介、庄野潤三氏らがつとめていた。谷崎潤一郎、三島由紀夫の葬儀でも、現役の作家が受付の正面に坐るということはなかったから、これはおそらく「門弟三千人」と豪語した文豪佐藤春夫にふさわしい陣容ということであろう。

受付が始まってしばらくして、八木義徳氏が記帳をすませ葬場へ向かおうとすると、受付の後方にいた大手出版社のベテラン文芸編集者が、八木さんの背中に向って、ヤギさん、あんたも手伝わないの、と周囲に響くように言った。八木さんは例のように片手をひょろひょろと挙げ、こくりこくりと頷きながら遠ざかっていった。件のベテラン編集者は舌打ちをしながら、ヘッ、(弔問)客のつもりでいらあ、と誰に言うともなく言った。身に沁みて、文壇って厳しいなと感じた。

同じく「不遇」時代の野口さんが、この「風景」に対して、異常な熱意を傾けるようになった経緯については吉行淳之介が「〝風景〟の一年」(昭和三十六年十月)で明らかにしている。雑誌の成功は「……野口さんの細心な編集技術によるものである。……そして号を重ねるごとに、乗気な気配がしだいに濃くなってきたようである」と書いている。創刊当時は同人の誰もがあまり「乗気」ではなかった、とも読める。吉行さんのこの書きぶりは、野口さんに対して仲間褒めには終わらないような微妙な記述になっている。もともと舟橋聖一の下に集まった作家の内、編集経験のある野口、吉行、日下令光の三氏が協議しながら、最終案を野口さんが纏めたようだが、その最終案には吉行さんの助言、「影」が色濃い。

私はいま編集中の「文藝時評大系・昭和篇」の資料調査中に、たまたま「風景」を通読したが、野口冨士男編集時代の「風景」には、とくに吉行淳之介の「影」が強く感じられる。

その一つ。昭和三十九年四月に、河野多恵子「思いがけない旅」が載っている。「風景」の創作欄は小説一篇しか取りあげないということもあって、文芸ジャーナリズムで次第に注目されるようになっていった。執筆者は中堅作家以上ということが多く、この時点での河野さんのような新人の起用は大抜擢といえ、編集者の意欲と挑戦がみてとれる(それ以前に、昭和三十七年三月号に田久保英夫「邂逅」があるが、田久保さんが芥川賞を受賞するのは、その七年後で、新人田久保英夫に対する野口さんの好みと並々ならぬ期待が感じられる)。

河野さんには『幼児狩り』(昭和三十七年)がすでにあり、「新潮」の「同人雑誌賞」を受賞、「蟹」で芥川賞受賞(昭和三十八年上期)直後のことである。新人河野多惠子を起用したのは、明らかに吉行さんの助言を野口さんが認めた、ということであろう。野口冨士男と吉行淳之介の信頼の深さが色濃く感じられる。

私が初めて河野多惠子の作品に接したのは、「幼児狩り」(昭和三十六年十二月)ではなく、翌年同じく「新潮」二月号に載った「劇場」が最初である。その年の八月号に掲載された「美少女」にいたって、私は完全に河野多惠子のトリコになった。当時二十五歳の青年にとって何があれほどの衝撃と狂熱をもたらしたのだろうか。男と女の異形な「愛のかたち」を描く、あのポキポキとした、それでいて陰影のある文体の背後に、濃厚な大人の性愛の裏打を感じたのだろう。現代の恋愛の孤独な姿、新しい文学はこれだと考えていたのだ。

河野さんに書き下ろし長篇をお願いすることにし、上司の坂本一亀、竹田博両氏の了承はとったものの、社の正式決定をとらぬまま私は動き出した。半年経って次の芥川賞に「蟹」が候補となり、選考会の一週間ほど前の編集会議に企画を提案した。会議はいわゆる「御前会議」で、河出孝雄社長以下十二、三名ほどの会だが、社長は提出した資料(といってもテーマも何も決まっていないのだが)と掲載誌をぱらぱらと見て、「書き下ろしは早すぎないか。新人が第一長篇で失敗すると、その作家を殺すことになるよ」と言った。この社長の長い(苦い)経験に基づく判断には誰も(もちろん私は)反論できない。それでも坂本、竹田両先輩は執拗にねばって社長の最終決定をとりつけてくれた。その説明の中で「〝文学者〟同人の新しい風俗小説の書き手」という表現があった。私は奇異な思いもあって、会の後竹田博さんにその旨異議を唱えると、この京大法学部出身、不老中年の辣腕編集者は例の快活な口調で、「あれでいいんだよ」と言って笑った。今にして思えば河野多恵子の背後に師の丹羽文雄の「影」をちらつかせたのである。

書き下ろし長篇「男友達」は私の力不足もあって書き下ろしとはならず、昭和四十年三月、四月号の「文藝」の長篇一挙掲載として発表された。この一挙掲載方式は、発表形式そのものが文壇の反発を買い、なべて（深沢七郎の秀作「千秋楽」までもが）不評であったが、平野謙さんだけが「男友達」を取り上げてくれたことはうれしかった。

この作品のために、早稲田車庫裏、早稲田南町の河野さんの借家にかなり頻繁に通った。これは後のことだが、その帰途同じく早稲田の野口さんのお宅に伺ったことがあった。広い二階の書斎に通じる階段の突き当りの左の窓は、すぐ隣家の台所のようで、夕餉時の食器の音などがし、私は木挽町の実家に戻ったような安らぎと親近感を覚えた。それは野口さんに向かってゆく体の思いでもあった。

二つの不思議

　この会（横光利一文学会）の創立十年までは何とか枯木も賑わいの一会員として、横光研究の推移を眺めていたいものだと思っていたが、古稀を超え、とんと堪え性もなくなり、若い優れた研究者の発表を「理解」することもなかなか覚束無くなってしまった。一介の編集者の私がこの会に加えていただいたのは、一に会の発起人保昌正夫さんのご縁による。

　河出書房新社版「定本横光利一全集」の編集を、保昌正夫、井上謙、栗坪良樹の三氏と始めたのは昭和五十四（一九七九）年のことで、最終巻の「別巻」の刊行は平成十一（一九九九）年、二十年にわたり編集の中心にあった保昌さんとはいささかうんざりとしながらも仕事の行を共にした。

　保昌さんの横光研究における業績の第一はそれまで不完全であった「旅愁」のテキストを整備し、研究に見合うテキストを作ることにあった。テキストが不備のままでは横光研究は進まない、という強く激しい信念をもっていた。それとともに横光の初期習作群を掘り起したいというさらなる強い希望をもっていた。昭和三十（一九五五）年、川端康成が発掘、校訂し、「文藝臨時増刊　横光利一読本」に発表された「悲しみの代価」の周辺作品をさらに発掘したいという思いである。この作品はある古書店が川端の許に持ちこんだ何篇かの作品の内の一つである、ということに保昌さんは執心した。そのルートを辿り、最終的に辿りついたのは小島勗の息女であった。小島勗と横光は妻キミの死と千代夫人との再婚を機に、その関係に亀裂が入った。小島勗の死後、横光原稿（草稿）は、後妻の手によって古書業界に流れたらしい。それでも幾許かのものが小島勗の息女の手許に残っていた。それらの習作は全集別巻に収めることができた。

全集完結後も、掛野剛史氏の尽力によって多くの未収録のものが発掘され、その努力と成果に深い敬意を覚えるが、かつて十重田裕一氏によって、「花園の思想」の原稿が発掘されたときのような衝撃は薄いといえよう。まだまだどこかに習作群は眠っている。

そのころ保昌さんの話をうかがっていて腑に落ちないことがあった。保昌さんはことあるごとに河上徹太郎、寺田透の横光評価を多とされていたが、私の記憶にあるかぎり小林秀雄の名は一度として挙げなかった。保昌さんの最初の本『横光利一』（昭和四十一年、明治書院）には、小林の「機械」評、「純粋小説論」評の件で小林の名が出てくるが、横光文学を支えた（と横光自身も考えていた）小林の名が、保昌さんの数多い横光本のなかにほとんどといっていいくらい出てこない。まるで小林秀雄の名を封印しているかの如くである。

十年ほど前、私は保昌さんの『横光利一――菊池寛・川端康成の周辺』について妄評を書いた。その中で「文学の神様」から「ドン・キホーテ」へ、という戦後の横光評価の凋落は、岩上順一、杉浦明平、小田切秀雄などの激越な全否定、那珂孝平、庄野誠一などのいわば内側から「刺した」形の批判が相俟って一挙に評価が下落した、それに加えて小林秀雄の「沈黙」が大きく作用したのではないか、という趣旨のことを書いた。そうした小林の「沈黙」は、同時に小林の周辺にいた大岡昇平、山本健吉、中村光夫、吉田健一など、戦後大きく開花した人たちをも「沈黙」させたのではないか、というのが何の論証なき私の当て推量であった。これら無名に近い若い創作家の横光への親愛と尊崇の念は、横光書簡からも十分にみてとれる。なお全集に収められた山本健吉、中村光夫宛書簡は、現物から書き起したものではない。それを筆写したものが改造社から横光家に戻されていた。筆跡は石塚友二。この筆写について山本健吉氏に確認すると、現物は改造社の編集者木佐木勝氏に渡したまま戻ってこなかったと言う。

私の当て推量について、保昌さんからは一言もなかったが、横光佑典氏が同意されたことは思いがけなかった。戦後横光家の人々、千代夫人、象三、佑典二人の子息がいかに口惜しく過ごしてきたかを目の当りにみる思いがした。晩年の大岡昇平（小林との関係は険悪になっていた）が全集月報の書き出しに、「横光先生」と書いたとき、保昌さんはやはりそうか、という風に目を潤ませた。

小林秀雄が「沈黙」させた人、もう一人に三島由紀夫がいる、というのが私の当て推量の最後である。厖大な三島全集を繰ると横光の名は一カ所だけ出てくる（「横光利一と川端康成」、河出書房版「文章講座」6　昭和三十年二月）。三島の青年期は文字通り「横光の時代」の中にあり、文壇の趨勢に常に敏感に反応し、接近の手立てを模索した三島にとって、文学の真の先行者は川端ではなく横光ではなかったか。あれだけ忠実《まめ》に文壇の巨匠志賀直哉、佐藤春夫を訪問し、太宰治、中河与一、檀一雄などを訪ねているのに、横光利一が「関心外」の作家であったとは到底考えられない。秋山駿は「横光が生き続けていたら、三島由紀夫の文学のコースは微妙に改変されていただろう」とのちに書いた。

敬愛する詩人伊東静雄を訪ねたとき、その日記に「俗人」と書かれた「口惜しき人」三島由紀夫は、横光利一の名を自らの文学生活から完全に消し去りたかったのかもしれない。

あとがき

書名をどう付けるか、というのも編集者の大事な仕事の一つである。内容をすっきりと言い当てたタイトルは、装本とともに本の第一印象を決定づける。

十二年前、前著『榛地和装本』を刊行したとき、多からぬ読者の多くはこのタイトルを何と訓み、何を意味するのか困惑されたようである。「榛地」という地名か何かの「和装本」を集めたものかと思った人もいたらしい。ともかくこれは何だろうと訝りながら繙いて下さって、ようやくこれが素人装幀家の装本と、あらずもがなの一編集者の回想であることを分っていただいたようである。これが「恩地孝四郎装本」とでもあれば一目で分るはずだが、この書名は無用の混乱を招いたようで、編集者の本にふさわしからぬ書名というべきである。

しかし私にはこの書名にはぬきさしならぬ愛着があり、今回もその「終篇」として刊行する。といっても、二冊の本の構成はかなりちがったものになっている。前著は五十冊の装本を見開きページにカラーで入れ、その裏ページに主としてその本にまつわる回想を書いた。今回は口絵風に巻頭十六ページに装本を収め、それ以降の本文にはこの十二年間に書いた文章の大半を収めているが、直接装本にふれたものは少ない。

本文は便宜的に四つに分け、Ⅰ敬愛する作家の点描、Ⅱ追悼文、Ⅲ私の生地京橋区木挽町界隈の今昔、Ⅳわが仕事、とした。

いずれの文章も大方は求められるままに書いた雑文ばかりで、一冊に纏めることによってその文章の味わいが交響するようなことはまず起こりえない。私にとって文章を書くことは今も昔も実に苦痛の極みである。

一方、装本についてはといえば、「求められて」のものはごくわずかで、大半は「押し掛け」装本といってもいいものばかりである。誰に頼まれたということもなく、食指の動く企画となると、担当者の意向もきかずに身を乗り出してしまう。「コレクション・モダン都市文化」（ゆまに書房）の装本はその最たるもので、編集担当者の谷内剛君が、その出来栄えをいいとも悪いとも言わないままに、あれよあれよという間にすでに五十五冊の装本をさせてもらった。今も昔も装本はこの伝でやってきたが、これが実に楽しいのである。

とはいっても編集者としての私は、一冊の本を装本させてもらい見本本の出来たときの嬉しさはこの上ないが、さてこの本は「オレが作った」本だという実感はほとんどない。あまつさえ『榛地和装本』のように自分が書いたものでも、「これは」という実感は薄いといわなければならない。

私がもっともその感を深くするのは長い時間をかけてコツコツと原稿をとった本、山崎正和氏の『鷗外　闘う家長』、黒井千次氏の『五月巡歴』、河野多恵子氏の『男友達』のような書き下ろしの創作である。著者に対してさえ、これは「オレの本」だと言いたくなるくらい、痺れるような幸福感に今も満たされる。

一九六一（昭和三十六）年、河出書房新社を皮切りに、木挽社、ゆまに書房とその関わりに多少の深浅はあるが、編集稼業の醍醐味を充分に味わせてもらったことでは一つである。今年三月末にゆまに書房を退くことになるが、その終幕にこの本を刊行することができるのは何よりも嬉しい。私はいつも幸運な編集者であった。

この本の編集担当の服部滋さんとは、ウェッジ文庫の浅見淵随筆集『新編燈火頰杖』以来の長からぬおつきあいだが、彼は無類の本好き、該博な文学知識の持ち主で、私の敬愛する編集者の一人である。『燈火頰杖』を私が編集・解説したとき、その「解説」文で浅見淵の「細雪」評を角川版「昭和文学全集」の『正宗白鳥集』で読んだと、しっかりと確かめもしないで誤って書いてしまった。服部さんは「これで読んだのでは」と、三笠新書の正宗白鳥『読書雑記』（昭和三十年）を持ってきてくれた。高校二年生の私が白鳥の『読書雑記』を読んでいたというのも信じられないが、それ以上に私より一回り以上も年少の服部さんが、この本を知っていることの方がなお信じられない。

服部さんと去年の秋以来続けてきたこの本の編集作業は何ものにもかえがたい充実した時間であった。不機嫌なのかと思うくらい常に寡黙な彼も、本の話をしてさえいれば上機嫌であった。上梓によって彼との共同作業が終わってしまうことを思うと淋しく、残念でさえある。

前著に続いて今回も、装幀、写真撮影、本文校正の全般にわたって、寺山祐策、久米たかし、妹尾和子三氏の御尽力をいただいた。武蔵野美術大学教授で第一線のグラフィックデザイナーとして活躍される寺山さんに、素人の装本集を装幀していただくのは、厚かましく面映いことだが、今回もすばらしい装本を得てありがたいことである。坪内祐三さんが前著の装本を「古書のような味わいのある」本と評してくれたことをうれしく思い起こす。

前回と異なり今回の本の撮影は、十六ページとページ数は少ないながら、撮影点数が多く、久米たかしさんには何回も拙宅へお運びいただくなどお手数をかけた。また相も変らずの思いちがい、誤字脱字を訂正して下さった妹尾和子さんにも厚く御礼を申し上げる。

帯のコピーは前著同様、新潮社の編集者時代、コピーの名手として定評のあった柴田光滋さんにお願いした。自分の担当した本でもないのに、その宣伝文を書くというのはあまり例のない話である。柴田さんはかなり苦吟されたようであるが、苦渋のあとを少しもみせず、さすがプロの芸をみせて下さった。

本書に登場する著者、編集者の多くは亡くなられて久しい。前著を刊行してこの十二年の間にも、前著の刊行に尽力、ご助勢をいただいた保昌正夫、坂本一亀、松森務、榊原和夫、半澤敏雄、畔田藤治、飯田貴司の、あの懐かしい先輩、仲間を失った。悔しく、寂しい。

ただ幸いにも装本のペンネームとした恩師榛地かづ先生がお元気であられることは私にとって何よりも嬉ばしいことである。

二〇一〇年二月十九日、先師都筑省吾誕生日に

藤田　三男

初出一覧

「板」の上で　和田芳恵………「かたりべ叢書15　和田芳恵Ⅱ」宮本企画　一九八七年四月
紙片　山本健吉………「季刊文科　第9号」一九九八年十月
文学史の闇から　野口冨士男………「野口冨士男文庫　5」越谷市立図書館　二〇〇三年三月
二人の先生　浅見淵、稲垣達郎………「槻の木」二〇〇五年一月号
『新編燈火頰杖』　浅見淵………浅見淵『新編燈火頰杖』ウェッジ文庫版解説　二〇〇八年十二月
恋心　日夏耿之介………「扉」21号　調布市「随想を書く会」二〇〇三年九月
随筆の底を流るるもの　岩本素白………「槻の木」二〇〇八年三月号
垣間見た人　山下清、川浪磐根………「槻の木」二〇〇六年二月号
この人・この三冊　杉浦康平………「毎日新聞」二〇〇四年九月十九日朝刊
タイムマシンに乗って戻ってきた　広瀬正………「すばる」二〇〇九年三月号
「欠伸をしている」ミシマさん………『写真集三島由紀夫'25～'70』新潮文庫版解説　二〇〇〇年十一月
三島没後三十年………「笛」二〇〇一年一月号
三島由紀夫の〝定刻〟………「産経新聞」一九九八年五月十六日夕刊
「英霊の聲」の声………三島由紀夫『英霊の聲』河出文庫版解説　二〇〇五年十月
「幕切れ」のせりふ………三島由紀夫『サド侯爵夫人　朱雀家の滅亡』河出文庫版解説　二〇〇五年十二月
「素面」の「告白」………三島由紀夫『源泉の感情』河出文庫版解説　二〇〇六年二月

不器用な人　追悼・坂本一亀………「槻の木」二〇〇三年一月号
「東京」の人　追悼・保昌正夫………「槻の木」二〇〇三年四月号
科白　追悼・大久保乙彦………私家版「追悼・大久保乙彦」一九九〇年十二月
冥府の友へ　追悼・飯田貴司………「短歌」二〇〇一年六月号

葡萄棚………「読売新聞」一九九八年四月四日夕刊
三吉橋………「槻の木」二〇〇〇年一月号
水の魔………「槻の木」二〇〇八年一月号
「イチローさん」………「槻の木」二〇一〇年一月号

一枚の写真から　「新潮日本文学アルバム」………「波」一九八四年九月号
挿絵、挿画、挿図のこと　「カラー版日本文学全集」………「日本古書通信」一九九八年十二月号
顰にならう　「編年体大正文学全集」………「日本古書通信」二〇〇〇年四月号
流行廃り………「槻の木」二〇〇二年一月号
幻の横光全集　「定本横光利一全集」………「早稲田文学」二〇〇三年三月号
完結へ向けて　「編年体大正文学全集」………「日本古書通信」二〇〇三年六月号
「目立つ」本………「日本古書通信」二〇〇四年十二月号
「文藝時評」に憑かれて　「文藝時評大系」………「日本古書通信」二〇〇六年一月号
影の編集者　「風景」から………「日本古書通信」二〇〇七年四月号
二つの不思議………「横光利一文学会会報　第15号」二〇〇九年六月

図版一覧

P.1
◉ドイツを読む愉しみ　高橋英夫　一九九八年九月、講談社（編集担当・高柳信子）
＊装画・阪本文男。阪本さんは抜群のデッサン力と乾いた抒情性をもち、大成を期待されたが一九八六年、五十一歳の若さで亡くなった私の友人。

P.2
◉漱石新聞小説復刻全集（全十一巻）　漱石雑誌小説復刻全集（全五巻）　漱石評論講演復刻全集（全八巻）　監修・山下浩。一九九九年九月〜二〇〇二年十一月、ゆまに書房（編集担当・吉谷伸明）
＊「新聞小説」「雑誌小説」の表紙に収録作品の冒頭を金版で空押ししている。今のこのご時勢ではとても許されないゼイタク！

P.3
◉中野重治——文学の根源から　小田切秀雄　一九九九年三月、講談社（編集担当・中島隆）
＊装画は中野重治自筆の「画帖」より。

P.4
◉江戸のヨブ　野口武彦　一九九九年十月、中央公論社（編集担当・吉田大作）
◉追悼飯田貴司　二〇〇二年三月、私家版（編集担当・岡村貴千次郎）
◉K氏のベレー帽　山本安見子　二〇〇二年十二月、河出書房新社（編集担当・飯田貴司）
＊装画・山本安見子。安見子さんは山本健吉と俳人石橋秀野の愛嬢。

P.5
◉武田泰淳伝　川西政明　二〇〇五年十二月、講談社（編集担当・中島隆）
＊バックの書は武田泰淳筆、李白の「胡姫」。

P.6.7
◉コレクション・モダン都市文化（全八十巻）　監修・和田博文　二〇〇四年十二月〜刊行中、ゆまに書房（編集担当・谷内剛）
＊装本にかぎっていえば（素人のゆえに）、苦艱したことは全くないが、それにしてもこんなに楽しんでいいのだろうかと思うくらい気儘に遊ばせてもらった仕事。現在既刊五十五巻。

P.8
◉保昌正夫一巻本選集　二〇〇四年十一月、河出書房新社

P.9

◉活字の歴史と技術　加藤美方・森啓・藤田三男編　二〇〇五年三月、樹立社（編集担当・林茂樹）

＊リョービイマジクスの広報誌「アステ」の総集版。加藤美方、森啓両氏の企画に添って編集実務を担当した。書名は正確にいえば「活字文化の歴史と技術」とすべきで、今に至るも残念。

P.10

◉英霊の聲　三島由紀夫　二〇〇五年十月、河出文庫

◉サド侯爵夫人／朱雀家の滅亡　三島由紀夫　二〇〇五年十二月、河出文庫

＊装画は秋山正氏とF・ブーシエ「ポンパドゥール夫人像」。

◉源泉の感情　三島由紀夫　二〇〇六年二月、河出文庫（右三冊とも編集担当・小池三子男）

＊肖像写真は二点とも三島由紀夫。後ろ向きのものは、一九六三年「絹と明察」取材中の三島さん。眼鏡をかけているので分りにくいかもしれない。この画面をつくるのに中野耀子さんの手を煩わした。

P.11

◉父の贈り物　青木笙子　二〇〇一年七月、翰林書房（編集担当・今井肇）

◉母の贈り物　青木笙子　二〇〇四年五月、河出書房新社

◉「仲みどり」をさがす旅　青木笙子　二〇〇七年七月、河出書房新社

＊装画は薬師寺章雄のエッチングの一部分。左右一メートルを越す大作で、広島に投下された原子爆弾を天空から俯瞰した構図。いわば「天」（神）の視線がとらえた原爆図である。

P.12

◉あるジャーナリストの敗戦日記　1945～1946　森正蔵（編・解説＝有山輝雄）　二〇〇五年八月、ゆまに書房（編集担当・上條雅通）

＊上方に赤と黄色の炎が見えているのは、ヤン・ブリューゲルの「冥界を訪れるアイネイアスと巫女」の部分。黒一色にみえるが、実はブリューゲルの作品が全面に印刷されており、その上に黒一色を被せてある。

◉坂口安吾論集Ⅲ　坂口安吾研究会編　二〇〇七年十月、ゆまに書房（編集担当・高井健）

＊イラストは中村正也氏撮影の晩年の安吾照影をトレースしたもの。

P.13

◉大正歌壇史私稿　来嶋靖生　二〇〇八年四月、ゆまに書房

P.13

◉青き星　相沢一男　二〇〇九年四月、角川書店（編集担当・田野島涼子）

◉八十歳の扉　二〇〇八年五月、随想を書く会

＊八十歳は傘寿の祝い。西洋絵画に傘の現れるのは「印象派」以降のことで数も多くない。ルノワール、スーラ、ドガ、モネ、カイユボットなどの名作を参考にしての拙きデッサン。

P.14

◉瀬戸内寂聴随筆選（全六巻）　二〇〇九年三月、ゆまに書房（編集担当・清水宏充）

＊表紙の裏表あわせて十二点の写真はすべて友人、田上功撮影。

P.15

◉新編燈火頰杖　浅見淵　藤田三男編　二〇〇八年十二月、ウェッジ文庫

＊装画は高島野十郎「蠟燭」連作の一点。はじめ浅見さんお好みの竹下夢二の燭台をと思ったが、江戸趣味にすぎてそぐわない。困って元新潮社の編集者で美術通の鎌田和夫さんに相談すると、「蠟燭の明かりはジョルジュ・ド・ラ・トゥールの光と影が印象的だが、直截な光りは高島の観察力の方が勝っている」とのありがたい助言を得た。三年ほど前、三鷹市立美術館での回顧展を思い起こした。

◉作家の手　野口冨士男　武藤康史編　二〇〇九年十二月、ウェッジ文庫（右二冊とも編集担当・服部滋）

＊野口さんといえば何よりも「年季」の入った作家、「年輪」をベースにしようと早々に決めた。しかしいまひとつポイントがほしいということでテントウ虫を朱箔で押した。テントウ虫は「しあわせ」を運ぶ虫。

P.16

◉コレクション・都市モダニズム詩誌（全十五巻）　監修・和田博文　二〇〇九年五月〜刊行中　ゆまに書房（編集担当・髙井健）

＊恩地孝四郎へのオマージュ。はじめ円の内側をフォンタナの作品で飾りたいと考えたが諸々の事情で断念、ままよとばかり紙と4Bの鉛筆を使って「自動書記」風に作った（描いたのではありません）のがこのイラスト。悪戯っ気のある方にはすぐお分りのはずである。

索　引

＊タイトルごとの初出頁数を記載

著者略歴

藤田三男　Fujita Mitsuo

一九三八年東京生まれ。早稲田大学文学部国文専修卒業。六一年河出書房新社入社。取締役編集部長を勤め、七九年、退社。同年、木挽社を設立し、「新潮日本文学アルバム」「新潮古典文学アルバム」全一〇〇巻（新潮社）、「定本横光利一全集」（河出書房新社）、「群像日本の作家」（小学館）などを、そして、ゆまに書房編集部顧問として「編年体大正文学全集」「文藝時評大系」などの全集・文芸書の企画・編集に携わる。また「榛地和」の筆名で装本家としても知られ、三島由紀夫『英霊の聲』、吉田健一『金沢』、山崎正和『鷗外闘う家長』（ともに河出書房新社）、ほか多数の装本がある。著書に『榛地和装本』（河出書房新社）、『写真集三島由紀夫’25～’70』（三島瑤子との共著、新潮文庫）、『活字の歴史と技術』（加藤美方、森啓との共著、樹立社）などがある。

榛地和装本　終篇

二〇一〇年三月二十五日　第一刷発行

著　者　藤田三男
装　幀　寺山祐策
撮　影　久米たかし
発行者　布施知章
発行所　株式会社ウェッジ
〒101-0052
東京都千代田区神田小川町一-三-一
NBF小川町ビルディング三階
電話03-5280-0528
ファックス03-5217-2661
http://www.wedge.co.jp/
振替00160-2-410636
DTP組版　株式会社リリーフ・システムズ
印刷・製本所　図書印刷株式会社

ISBN978-4-86310-069-5 C0095

ウェッジ文庫のオリジナル随筆集

岩本素白随筆集　東海道品川宿

来嶋靖生 編・解説　定価 七〇〇円

少年の日の耳目にふれた光景を細やかに写しとる静謐な筆致。多くの文人に愛読された素白の随筆は失われた明治の面影を伝え、庶民の心の襞につつましく分け入る。傑作「東海道品川宿」を中心に近代随筆の最高峰と謳われた素白随筆を精選したオリジナル随筆集。

浅見淵随筆集　新編　燈火頰杖

藤田三男 編・解説　定価 七八〇円

徳田秋聲、瀧井孝作、梶井基次郎……親しくまじわった小説家たちを回想するかぐわしい文章。そして、時代に忘れられた小説家たちを愛惜する犀利でおだやかな眼差し。文芸評論家・浅見淵の半世紀にわたる文業から、代表作を精選したオリジナル随筆集。

野口冨士男随筆集　作家の手

武藤康史 編・解説　定価 七八〇円

明治末に生れ、大正、昭和、平成を生き抜いた最後の文士の随筆家としての文業を、伊藤整、岡本かの子、川端康成、小林秀雄ら記憶に残る文学者たちのスケッチを中心に、初期の単行本未収録の劇評から晩年の随筆に至るまで精選したオリジナル随筆集。